Círculo Rojo

101 MICRORRELATOS
(PARA PRESUMIR DE QUE LEES LITERATURA)

101 MICRORRELATOS

(PARA PRESUMIR
DE QUE LEES LITERATURA)

ÁLVARO DELGADO ALVARADO

Círculo Rojo
EDITORIAL

Primera edición: junio 2024

Depósito legal: AL 1025-2024

ISBN: 978-84-1073-298-8

Impresión y producción: Editorial Círculo Rojo

© Del texto: Álvaro Delgado Alvarado
© Ilustración gatos: Ana María Durán Mingo
© Maquetación y diseño: Equipo de Editorial Círculo Rojo
Editorial Círculo Rojo

www.editorialcirculorojo.com

info@editorialcirculorojo.com

Impreso en España - Printed in Spain

Quiero dedicar este libro a mi mujer, la paciencia hecha persona; a la familia que simula risas, aunque no entiendan mis chistes; a los amigos que siguen siendo amigos a pesar de mis bromas absurdas; a los lectores valientes que se adentran en mi mundo literario, ¡espero que tengan un seguro de risas! Y, por supuesto, a mis gatos, Loki y Thor, los verdaderos dictadores de la casa que me inspiran con su filosofía de vida: dormir mucho y no tomar nada demasiado en serio. ¡Gracias por ser cómplices en esta comedia llamada vida!

Índice

UN POCO SOBRE MÍ

Nací una mañana de mayo de 1983 en la hermosa ciudad de Santander (Cantabria). Viví buena parte de mi juventud en un pueblo costero ubicado a medio camino entre Santander y Bilbao, llamado Colindres.

Mis primeros recuerdos son solo fragmentos de cuando no tenía más de tres o cuatro años. Recuerdo a mis abuelos paternos sentados en un viejo sofá, viendo la televisión, y yo en el suelo jugando, completamente ajeno al mundo externo.

También recuerdo las Navidades en Laredo, cuando comíamos hasta reventar, lanzábamos petardos y escuchábamos música en la cadena de mi tío. Eran buenos tiempos...

Entonces, los días eran interminables, el verano nunca terminaba, y la Navidad era el momento más ansiado y especial del año. En aquel entonces, había cuatro calles, un solo puente y gente con arrugas que ya no está.

Pasaron los años, crecí y tuve que decidir qué hacer con mi vida. Opté por ser geólogo. Más tarde, realicé posgrados en Oviedo y Madrid, convirtiéndome también en ingeniero.

Octubre de 2012 fue un año difícil. Mi pareja y yo decidimos hacer las maletas y nos dirigimos a Aberdeen (Escocia) para ganarnos la vida.

Los cuatro años en Escocia fueron, en general, enriquecedores. Conocimos a los escoceses, gente afable y noble; visitamos las *highlands,* que tanto me recordaron a Cantabria.

Allí me uní al Lemon Tree Writers Club, un grupo de escritores aficionados. Nos reuníamos los domingos, dos veces al mes, para leer nuestro propio trabajo y comentarlo. Sí, las reuniones se celebraban sobre una mesa con abundante té y espectaculares pasteles, incluyendo mis favoritos, los *scones*.

Como resultado de esa experiencia, escribí un borrador de novela histórica, *The Girl in Disguise*, que nunca llegué a terminar.

La etapa escocesa concluyó y la siguiente, vino pidiendo paso.

En Bristol (Inglaterra), pude desarrollar mi carrera como ingeniero geotécnico. Comencé como asistente y, en poco más de cinco años, llegué a ser ingeniero sénior.

Llegamos al siguiente momento trascendental. En las Navidades de 2022, me diagnosticaron una enfermedad puñetera. Así que colgué las botas de ingeniero y me puse a escribir. Escribí tanto que llené las páginas de un modesto poemario. Todos los poemas fueron compuestos con una taza de café en mano, así que lo titulé *Aroma a Café*.

En abril de 2023, mi pareja y yo dejamos atrás más de diez años de vida en tierras británicas y regresamos a España. Y, como no podía ser de otra manera, continué escribiendo desde mi tierra natal.

Seis meses después de *Aroma a Café*, publiqué mi segundo poemario, *Retorno*.

Y ahora presento mi tercer y último proyecto, *101 microrrelatos*. Espero que lo disfruten.

¿QUÉ ES UN MICRORRELATO?

Cuando me sumergí en la creación de este libro, inicialmente creí que encontrar una definición precisa para lo que se considera el cuarto género literario sería tarea sencilla. Sin embargo, durante mi investigación, me percaté de lo equivocado que estaba. En cada obra o sitio web, me topé con una diversidad de interpretaciones.

Generalmente, se destacan la hiperbrevedad, la elipsis, la simpleza y la narrativa como los elementos definitorios del microrrelato. La interrogante sobre cuántas palabras constituyen un microrrelato suele obtener respuestas que varían desde 1 hasta 200 o incluso 300 palabras, considerándose más allá de este límite como el «territorio del cuento». No obstante, en ocasiones, los microrrelatos pueden extenderse a dos o incluso a tres páginas. Aunque he considerado estas definiciones, he decidido centrarme en la calidad narrativa. En mi perspectiva, si un microrrelato es «bueno», la extensión es secundaria.

Los microrrelatos tienden a omitir partes significativas de una historia, enfocándose en lo crucial. Además, pueden aprovecharse de otras obras de referencia, como libros famosos, para ironizar con personajes arraigados en la cultura popular. Es poco común que intervengan muchos personajes o que se desarrolle más de un hecho en la trama.

Mis 101 microrrelatos se centran en la calidad narrativa y exploran diversos géneros, como aventuras, filosofía, historia, suspense, romance, ciencia ficción, casi todos ellos con una buena dosis de humor.

Con este microrrelato fui finalista en el II Concurso Internacional de Microrrelatos «Entre Piratas Anda el Micro», noviembre 2023.

BARBANEGRA Y SU DONUT

Barbanegra le arrancó brutalmente la mano del prisionero, exigiéndole desesperadamente: «¿Dónde diablos escondiste el donut?». El cautivo, con ojos desafiantes se negaba a confesar, enfrentándose al inminente peligro de perder su otra mano. «¿De verdad vas a perder dos manos?», preguntó Barbanegra. Entretanto, se acercó otro pirata y le susurró a su jefe: «Este, creo, es el sordomudo».

101

MICRORRELATOS
(PARA PRESUMIR
DE QUE LEES LITERATURA)

INGENIERO POR VOCACIÓN

Tras cuatro décadas como ingeniero geotécnico, Paco se encaminaba hacia su jubilación, lleno de euforia por colgar finalmente las botas. Los sueños de visitar Egipto y la adquisición de un coche nuevo pintaban un retiro idílico...

En su última semana laboral, la única tarea de Paco era compartir con jóvenes talentos unas pinceladas de su vasta experiencia. Así, el lunes, se presentó temprano en la oficina para conocer a Adrián, el joven ingeniero con perilla que ocupaba el escritorio junto al suyo, rodeado de ordenadores y otros enseres ingenieriles.

—¿Puedes calcularme la capacidad portante de ese suelo, por favor, Adrián? —le solicitó Paco.

Adrián introdujo los datos en la hoja de cálculo y le entregó el resultado. Paco lo miró con extrañeza.

—¡No tuviste en cuenta las unidades! —exclamó Paco, desesperado. A lo largo de la jornada, los errores se acumularon. Al final del día, Paco llamó a Adrián a su despacho.

—Se supone que ya tienes título de ingeniero, pero todo lo que te he asignado está mal. Incluso errores básicos de matemáticas —explicó Paco, mostrando preocupación.

Adrián tomó un papel y escribió algo, luego se lo mostró a Paco: «No me llamo Adrián, sino Ernesto. No sé quién eres, soy sordomudo y estoy buscando la salida del edificio, por favor».

—¿Y por qué me seguiste el juego? —preguntó Paco, aún asimilándolo.

Ernesto escribió de nuevo a Paco: «Supongo que ambos necesitamos la compañía del otro... y, además, como vi que eras buena gente, y me enseñabas matemáticas de forma amena y divertida, no quise romper el buen momento».

—¿Y qué fue del auténtico Adrián? —preguntó Paco, ahora alarmado.

FIN DE SEMANA PERFECTO

Martín, un apasionado de los videojuegos desde la época de la Nintendo de finales de los ochenta hasta la moderna PlayStation, anticipaba con entusiasmo un fin de semana especial. Con su esposa e hijos fuera de casa, sus inseparables amigos Samuel y Pedro se unirían a él. Sería como los viejos tiempos: palomitas, cerveza y videojuegos durante las veinticuatro horas del día. Las preocupaciones de la vida adulta podían esperar hasta el domingo.

—Que lo paséis bien, y no rompáis nada —advirtió la mujer de Martín al despedirse.

Al arrancar el motor de su Volkswagen, los tres adultos dejaron de lado la formalidad y se sumieron en la diversión infantil.

—A ver esas cervecitas, que estoy seco —exclamó Samuel.

—Vuelvo con las palomitas. Las cervezas después —respondió Pedro.

—Yo ya he terminado de instalar la Nintendo —anunció Martín.

Sin previo aviso, los rostros de los otros dos se tornaron en enojo.

—Pensé que empezábamos con la Sega —espetó Samuel irritado.

—¡Yo creí que era la Game Boy! —contestó Pedro con molestia.

Lo que siguió fue una trifulca inesperada, que culminó con Pedro y Samuel abandonando la casa con un portazo. El entusiasmo se desvaneció en discordia, dejando a Martín con la realidad amarga de un fin de semana perfecto chafado. Ahora tendría que llamar a su esposa para que viniera a recogerlo.

LUDWIG

En el aula de quinto grado, durante la clase de Historia, los estudiantes debatían enardecidamente sobre la Segunda Guerra Mundial.

—Yo sostengo que los nazis eran más avanzados con sus tanques, aviones, submarinos... —aseveró con convicción Ludwig—. Además, Hitler fue más carismático que Roosevelt, Truman, quizás excluyo a Churchill.

Una oleada de protestas se desató en la clase. Borradores y tizas planearon desde la izquierda (en apoyo a los aliados) hacia el lado derecho, donde solo se encontraba Ludwig, defensor de los nazis. Nadie comprendía por qué un niño tan dulce y tierno defendía esa perspectiva.

—Ludwig, esa es una respuesta razonable, y esta vez la acepto —dijo el profesor—. Las anteriores probablemente no deberían transcender de esta aula.

Ludwig inclinó su cuerpo hasta que su pecho tocó el pupitre y se cubrió su rostro con las manos. Sollozos y el sonido de mocos resonaron en el aula.

—Es que... mis padres son alemanes y, por tanto, yo debo ser nazi también —confesó Ludwig.

El profesor, comprensivo al instante, se acercó y le abrazó tiernamente.

—No te preocupes, Ludwig, entiendo que te sientas confundido, pero ser alemán no tiene nada que ver con ser nazi.

Ludwig secó sus lágrimas, se sonó la nariz y esbozó una sonrisa. Las palabras empáticas de su profesor parecían haber surtido efecto. No obstante, las discusiones acontecidas en la clase llegaron a oídos de sus padres, quienes, preocupados, tomaron la decisión de que Ludwig no regresara al colegio.

MI ÁRBOL

M e quedé absorto frente a ese árbol durante horas, días, tal vez meses. Cada vez que me sumergía en su presencia, sentía como si las agujas del tiempo se desdibujaran, dejándome atrapado en un presente eterno. Su majestuosa silueta se alzaba como un vigía del tiempo, espectador taciturno de estaciones que se entrelazaban en su eje leñoso.

No entendía qué lo hacía tan especial. Sabía que era una encina, *Quercus ilex*, de hojas perennes. Pero más allá de las clasificaciones científicas y las etiquetas académicas, era una entidad viva que desafiaba las explicaciones racionales. Sus ramas, como brazos extendidos, parecían tocar el cielo y acariciar los misterios del universo.

Conocía todos esos nombres científicos asignados a cada parte, todas esas etiquetas inventadas que intentaban encerrar su esencia en palabras. Comprendía las reacciones químicas, como la fotosíntesis, que transformaban la energía del sol en oxígeno, del cual dependíamos tú, yo y el resto del mundo. Pero nada de eso explicaba mi conexión con el árbol.

En el ejercicio de sexto que me habían asignado, titulado «Describe brevemente algo que te haga feliz», simplemente escribí: «Mi árbol».

AGUJEROS NEGROS

Al doblar la esquina, quedé asombrado al ver la calle rebosante de vida y actividad. Un parque lleno de niños riendo, adultos que iban de compras, y una corriente constante de vehículos cruzando las carreteras. Fue entonces cuando, frente a mí, creé un agujero negro y salté dentro.

Al emerger, me encontré en el mismo lugar, pero en el año 2500. La calle se había transformado en un desierto, sin rastro de vida. Era evidente: la humanidad había fracasado en su lucha contra el cambio climático. La desolación me envolvió al contemplar el vacío donde antes había bullicio y vida. Mi corazón pesaba al entender que, a pesar de todos los esfuerzos, el futuro estaba marcado por el cataclismo ambiental.

Me sentí tan depresivo que decidí abandonar mi carrera como científico, y retroceder a los años ochenta del siglo XX, dentro de un bucle infinito de cinco años. Allí, podría disfrutar en vivo de Queen, presenciar los estrenos de *Indiana Jones, Regreso al futuro* y *Terminator,* y jugar al Pac-Man en las recreativas. La música y las películas se convirtieron en un refugio ante la desolación del futuro que aguardaba.

PROMESA INDISOLUBLE

Prometo que siempre estaré a tu lado, en la cima más radiante y en el abismo más lóbrego. Juro por mi alma que cuando llegué el día en que te veas acosada por esa mujer que te sirve café frío y las galletas rotas; esa misma que luce una faja que creé moderna y te insta a salir a correr mientras devora una berlinesa.

En ese instante crítico, estaré ahí para brindarte mi apoyo inquebrantable. Me comprometo a asistirte en la construcción de una tumba de dimensiones clásicas:

0,75 m de ancho, 2,5 m de largo y 3,0 m de profundidad. Juntos, sepultaremos el cadáver y eliminaremos todo vestigio de evidencia.

Estoy convencido de que no encontrarás a nadie más comprometido que yo para acompañarte en los momentos difíciles. Nuestra alianza, resistente como la tumba que cavaremos, perdurará ante las idiosincrasias de la mujer del café frío y las galletas rotas.

ESTATUA DE BRONCE

Una pareja de jóvenes góticos se sumía en un beso apasionado en plena calle, acompañados por un par de tiernos murciélagos revoloteando a su alrededor. Un policía sesentón y ostensiblemente orondo, quien los observaba con la misma perplejidad que un niño ante un plato de brócoli, decide acercarse para llamar su atención.

—Estamos en un lugar público, ¿no se han dado cuenta de que hay un colegio justo allí? —Señala el agente hacia la institución educativa frente a ellos.

—¿Está prohibido besarse en público? ¿O te incomoda que seamos góticos? —responde uno de los jóvenes—. ¿Has visto a ese espécimen allá, mostrándolo todo?

El policía se gira con la dificultad de un oso panda geriátrico en la dirección señalada.

—¡Y ahora van a burlarse de esa estatua de bronce! —exclama el policía, exasperado—. ¡Ya no hay respeto por el arte!

La pareja, incapaz de contener la risa, estalla en carcajadas.

—¡Ese es Paco, nuestro Paquito, la estatua viviente! —declararon entre risas y porros—. Hoy se le olvidaron los *gayumbos*.

LECCIONES DEL GENERAL

Después de ser resucitado de manera inesperada, Franco, aún desorientado, se encuentra en una moderna escuela de Madrid, participando en una clase de Historia sobre la Constitución española. El profesor, apasionado por la enseñanza de los principios democráticos, trata de explicar el contexto actual.

Franco, con gestos de sorpresa y confusión, levanta la mano. Cuando el profesor le da la palabra, Franco, acariciándose el característico bigote y manteniendo su aire autoritario, pregunta:

—Pero ¿dónde está el cuadro de mi retrato?

La clase queda en silencio y el profesor se queda boquiabierto. En ese momento, una risa nerviosa recorre la clase. Un estudiante llamado Pablito se levanta y, enfrentado al general, le dice:

—General, parece que ha pasado bastante tiempo desde su última visita.

Franco, sin perder la seriedad, responde:

—¡Parece que he perdido más que tiempo! ¡Tú, el listillo, levanta el brazo derecho en alto! Vamos a cantar juntos el Himno del Riego: «¡Soldados, la patria nos llama a la lid!»...

Al ver que Pablito no conocía la letra, Franco muestra su decepción, pero se retiene las lágrimas. Pablito, en lugar de consolarlo, decide agudizar la situación al susurrarle al oído que los rojos gobernaban, hiriendo más profundamente la sensibilidad del antiguo líder.

FRANCO DRAMÁTICO

Franco revive, llega desorientado a Madrid y entra en lo que cree ser un portal con llamativos carteles. Con las fuerzas flaqueando, llega a una habitación oscura y espaciosa. Escucha murmullos a unos veinte o treinta metros y grita débilmente:

—¡Identifíquese!

Percibe alboroto y decide tirarse al suelo, haciéndose el muerto. «Mejor cobarde vivo que valiente muerto», murmura.

La luz penetra lentamente desde abajo, revelando un escenario. Franco se levanta, camina hacia adelante y, en medio del escenario del Teatro de Quevedo de Madrid, suelta a pleno pulmón:

—¡Soy Francisco Franco, caudillo de España, por la gracia de Dios! —Tras lo cual se desploma.

El público, que esperaba un monólogo, estalla en aplausos y vítores.

CAÍDA DEL CIELO

Franco, emergiendo de las tinieblas tras ser resucitado por el demonio, se encuentra en una isla remota junto a las imponentes figuras de Hitler y Mussolini. Juntos intentan idear un plan de escape. Optando por la neutralidad, Franco decide esperar a una resolución por parte de los otros dos.

—Construiremos una balsa con las palmeras —propone Hitler después de un rato.

Mussolini y Franco, confiando en el liderazgo conjunto, aceptan la sugerencia y se ponen manos a la obra. Al finalizar la construcción de la balsa, la prueban y notan que flota decentemente, pero surge un inconveniente: solo tiene capacidad para un pasajero.

—Ve tú, camarada —dice Hitler a Franco, ajustándose el bigote.

Aunque el temor a Hitler se refleja en sus ojos, Franco, con una mezcla de resignación y valentía, asiente. Justo cuando está a punto de entrar al agua, una bomba americana cae del cielo sobre sus camaradas. Franco, liberando una risa descontrolada que refleja una mezcla de alivio y locura, tropieza con la balsa y cae al agua. Mientras se sumerge, sus pensamientos oscilan entre la victoria efímera y la inminente amenaza de los tiburones que le acorralan.

MADRID, FRANCO, *GO!*

Franco resucita, aborda un taxi hacia Madrid y avista el Bernabéu.

—¡Hala Madrid! —grita eufórico—. ¿Siguen venciendo al Barcelona?

El taxista asiente, Franco golpea la ventanilla. Siguen el viaje.

—La plaza circular, ¿quién honra? —pregunta Franco.

El taxista: «Alonso Martínez». Franco satisfecho, siguen.

—¡Calle próspera, gracias a mi legado! —exclama señalando Fuencarral.

El taxista, agotado, lo deja en Chueca tras inventar una historia.

El titular del día: «Franco muere de un ataque al corazón».

EXPEDICIÓN
PARTE I

El jardín nos proveía todo lo que necesitábamos, hasta que un día Dafne se cuestionó qué había al otro lado de la muralla. La primera expedición se forjó quince lunas rojas después de esa interrogante. No todos retornaron, y el destino de aquellos que lo hicieron sigue siendo un misterio. Lo único tangible es que de ella se substrajeron diamantes y rubies.

De la segunda, Dafne y otros no volvieron. Los supervivientes regresamos con cofres repletos de monedas de oro.

Y de la tercera, ninguno regresó...

EXPEDICIÓN PARTE II

Al otro lado del muro, quedamos cautivos por la tribu de los huyauya. Carnívoros, desagradables, ataviados con taparrabos y melenas grasientas que albergaban criaturas indeseadas. Algunos de nosotros ya habían sido parte de su macabro menú.

Dafne, nuestra líder, concebía un plan: yo me soltaba, corría como un demente hacia la izquierda, mientras el resto se escurría sigilosamente hacia la derecha.

Planteé una alternativa: fulanito, de nuestro grupo, corría como un demente hacia la izquierda, y el resto del plan permanecería inalterado. Así lo ejecutamos.

EXPEDICIÓN PARTE III

Tras el éxito de mi propuesta, ascendí a líder del grupo, desplazando a Dafne (tras un combate a muerte). Nos aventuramos en tierras inexploradas, y de repente, surgió un monstruo titánico que exhalaba fuego.

Se autodenominó «dragón». Afirmó ser legendario, temible y rebosante de riquezas en monedas de oro, rubíes y diamantes.

Rápidamente, le embriagamos con jugo de bayas y descubrimos su guarida, para luego despedazarlo.

EXPEDICIÓN
PARTE IV

Tras más de cien lunas rojas, bajo la lluvia, la nieve y el sol abrasador, alcanzamos nuestro jardín. Allí nos esperaban los rubíes, diamantes y monedas de oro de la primera expedición.

Era momento de celebrar a lo grande, con una fogata que consumiría *ninots* con rostros de los caídos en la expedición. Aunque degollada con una hoz por un servidor, Dafne también sería homenajeada. No le guardaba rencor por intentar deshacerse de mí durante el encuentro con los huyauya, ella fue la pionera.

Y así, fuimos felices, disfrutando de la riqueza y de los productos ecológicos que nuestro magnífico jardín ofrecía, por muchos siglos.

LA BELLA DAMA

Pablo, el pastor de las brañas cántabras, encontraba su paz en la serenidad y soledad de su labor, rodeado de las hermosas praderas escarpadas donde su ganado pacía libremente.

Un día, la niebla se deslizó por el valle, envolviendo todo en su gélido manto. La angustia se apoderó de Pablo, consciente de que su rebaño podía perderse fácilmente. Con dos silbidos, Atos, su fiel perro pastor, reunió al rebaño. «Con perros así, uno podría sentirse en casa y tranquilo», reflexionó.

De repente, Pablo vislumbró a lo lejos lo que parecía ser una mujer corriendo. Al menos, le pareció ver su cabello agitándose al viento. Aunque la niebla empezaba a disiparse, aún era espesa. Pablo decidió seguirla, y mientras lo hacía, su mente se llenaba de pensamientos sobre esa enigmática figura.

«Seguro que es una dama de la realeza, hermosa como la mirada de Venus», se dijo a sí mismo Pablo. Sin darse cuenta, se alejó durante dos horas, dejando al ganado solo bajo la vigilancia de Atos.

Finalmente, volvió en sí y regresó compungido al rebaño. Al día siguiente, regresó al mismo lugar y, de nuevo, avistó el cabello de la supuesta dama entre la niebla. La siguió, deslumbrado por su belleza, pero al descubrir que no era más que un reflejo en un cristal, tropezó con una roca y se despeñó, perdiéndose en la densa niebla de sus propias ilusiones.

MANSIÓN EMBRUJADA

La vetusta mansión gótica de mi pueblo era tan anciana que parecía tener vida propia. En sus tabiques se tejían historias macabras, siendo la más impactante el incendio que consumió a una familia en los años sesenta. Cuentan que los padres suministraron LSD a sus hijos, según la prensa de la época. Malas lenguas insinuaban que albergaba espíritus atormentados, agresivos y leyendas oscuras, como la desaparición de Pedro y Luis en los ochenta, la última vez que fueron vistos en sus jardines.

Un día, al salir del instituto, Tomás y su banda me persiguieron hasta el vestíbulo de la mansión. Con violencia, Tomás abrió la puerta, pero algo inesperado los detuvo. Con macabra sonrisa, Tomás me instó a unirme a los supuestos «amiguitos muertos». Empujado hacia la oscura entrada, la mansión no mostró explosiones ni alaridos; solo polvo cubriendo muebles carcomidos y la presencia de varias figuras etéreas frente a mí.

Sin explicación aparente, me dejaron marchar a casa. Quizás fue lástima. De manera extraña, me sentí aceptado. A partir de entonces, regresé todas las tardes después del instituto. Las figuras etéreas se convirtieron en mis mejores amigos. Nos tomamos vacaciones y decidí quedarme para siempre. La mansión, una vez lúgubre, se transformó en el hogar donde encontré una extraña pero genuina camaradería con aquellos que yacían más allá de la vida.

UNIVERSO PARALELO

En el siglo XVI, la tierra estaba unificada bajo un solo país, Carnister, que recién había abrazado la democracia tras siglos de monarquía. La idea de que la «sangre azul» reinara a su antojo quedó atrás gracias a un referéndum que materializó este anhelo popular. Aunque la república nacía con un aire de fragilidad e inocencia.

Las regiones del oeste, con su propia lengua y tradiciones, reclamaban ciertos privilegios, y el Gobierno, en un intento de conciliación, les otorgó ayudas económicas y permitió que los niños estudiaran en *catelum*. Sin embargo, estas medidas no bastaron. Motivados por el ejemplo del oeste, las gentes del norte también presionaban al Gobierno.

Al cabo de un siglo, el norte y el oeste se independizaron de Carnister, aunque continuaron disfrutando de muchos beneficios heredados de su pasado común. En el siglo XIX, las diferencias entre las gentes del este y del sur condujeron a su independencia, dividiendo la tierra en cuatro países autónomos.

El siglo XX trajo consigo desafíos más apremiantes: el cambio climático y las guerras civiles y mundiales. En 1945, representantes de los cuatro países se reunieron en una cumbre crucial. De ese encuentro surgieron acuerdos para abordar el cambio climático y buscar la paz. Inspirados por la necesidad de colaboración, decidieron formar una unión de países, reviviendo el nombre Carnister.

EVA Y LA INFUSIÓN

Eva, hastiada del machismo de Adán, se apoyó en la serpiente para librarse de él. La astuta serpiente le reveló que bastaba con obtener una hoja del árbol prohibido, preparar una infusión y hacer que Adán la bebiera.

—¿No era la manzana la que mataba? —inquirió Eva, confundida.

—La manzana no mata, niña. Si quieres, dale un mordisco después de deshacerte del otro —declaró la serpiente con una sonrisa perversa—. Esas manzanas son especialmente buenas para el estreñimiento.

—Vale, la probaré, pero otro día. Hoy toca recolectar hojas.

Con sus respectivos planes maquiavélicos en marcha, la serpiente y Eva se despidieron.

Al día siguiente, Eva y Adán disfrutaban de una tarde viendo la tele. Eva tuvo que esperar pacientemente hasta el final de la trilogía de *El Señor de los Anillos,* versión extendida. Luego, preparó dos infusiones. Adán bebió la que contenía la hoja del árbol prohibido. Se levantó del sofá, su piel se volvió primero roja y luego morada. Tras unos minutos de convulsiones y decenas de puñaladas de Eva con un cuchillo, Adán murió y su cuerpo ascendió al paraíso del paraíso.

Triunfante, Eva se dispuso a saborear una manzana, y confirmando las palabras de la serpiente, no llegó al baño.

LUCIFER

Lucifer despertó con un pie atrozmente dolorido y decidió ascender al cielo en busca de alivio. Reconoció la silueta familiar de san Pedro al fondo.

—¡Motivo de su visita! —exclamó san Pedro.

—Visita familiar —Lucifer respondió, burlón.

San Pedro, conocedor de Lucifer desde hacía siglos, optó por no indagar. Pasados cinco minutos (medidos en tiempo humano), Dios se materializó.

—¡Hijo mío! —exclamó Dios.

Lucifer expuso su problema y, siendo Dios todopoderoso, compasivo y su propio padre, accedió a curarle la herida. Sin embargo, el acuerdo implicaba que Lucifer trabajara como director de la cárcel del Dueso, en Santoña.

Lucifer aceptó el trato.

Pronto, se sumergió en su nuevo rol y comenzó a disfrutarlo. Observó y estudió meticulosamente a los reclusos, llegando a comprender que la naturaleza humana es inherentemente malvada. No obstante, al descender al infierno, el atractivo de la maldad se desvanecía.

Sin que Dios lo supiera, Lucifer extendió su reino de tinieblas a todas las prisiones del mundo. En poco tiempo, se transformó en un hábil gestor, y hasta los propios presos encontraron satisfacción en sus tormentos. La ironía de que el exgobernante del infierno llevara un orden infernal a las cárceles humanas hizo que Lucifer se deleitara en su nueva y paradójica realidad.

EL NOVELISTA

En la pintoresca aldea de Camposanto, la familia García ostentaba un prestigio sin igual. Cada uno ocupaba roles distinguidos: el tío Luis, dentista; la tía María, jueza; mi padre Juan, arquitecto; y mi madre, dedicada ama de casa.

A pesar de la admiración que generaban, mis sueños de ser novelista eran menospreciados por mi padre, quien insistía en la elección de una carrera «seria», traduciéndolo como «soporífera». Sin embargo, en plenas fiestas del pueblo, los feriantes llegaron, incluyendo a un enigmático alquimista llamado Francisco, conocido por sus habilidades con los metales y la creación de pócimas mágicas.

Aprovechando la oportunidad, le solicité a Francisco una pócima que hiciera realidad mi anhelo de ser novelista, sin prestar mucha atención a sus advertencias sobre los efectos irreversibles. Tragué la pócima y regresé a casa sin notar cambios, hasta que un sueño de elefante se apoderó de mí al entrar en mi cuarto.

A la mañana siguiente, al despertar, percibí una transformación. Me sentía más viejo y noté algo en mi rostro: barba. Al mirarme en el espejo, me encontré con la sorprendente visión de Cervantes reflejada frente a mí. La magia de la pócima había cumplido mi deseo de manera inesperada y extraordinaria. Pero ¿escribiría como él?

PELUSA

Juan y Pedro compartían la tarde en la casa del segundo, disfrutando de unas cervezas en el salón.

—Mi perro está muy bien adiestrado. Me trae el periódico, las zapatillas... —comentó Juan.

—Pues mi gato muchas veces viene cuando se le llama y me trae la pelota para que juguemos —respondió Pedro, tratando de impresionar.

Más tarde, a Juan le apeteció fumarse un cigarro, así que salió al jardín, bien cuidado por Pedro. Mientras se relajaba, observó una pequeña cruz sobre un montículo de tierra. Al acercarse, leyó en voz baja: «Que en paz descanses, Pelusa». La fecha era de hacía dos años.

—Bonito jardín —comentó Juan al regresar al salón—. Por cierto, ¿cómo se llama tu famoso gato? ¿Podría verlo?

—Pelusa. Ahora voy y lo traigo, pero te advierto que es posible que esté echando la siesta en su almohada, y suele tener un aspecto como de gato muerto —advirtió Pedro.

Se levantó y se fue por Pelusa, dejando a Juan con una mirada estupefacta. Después de un rato, Pedro regresó con un gato vivo y juguetón.

—Este es mi Pelusa —dijo Pedro, orgulloso—. Le pongo «Pelusa» a todos mis gatos.

Juan suspiró aliviado.

Sin embargo, segundos después, su paranoica mente empezó a maquinar sobre dónde podrían estar enterrados los otros «Pelusas», o si su amigo Pedro no los enterraba en absoluto.

DESCUIDO FATAL

Esforcé mis músculos en un vano intento de movimiento. Las piernas se resistían tenazmente. En la penumbra, examiné a mi izquierda y a mi derecha, todo sumido en una oscuridad tan profunda como una noche invernal impoluta. Al palpar mi rostro, la cruda realidad se manifestó: noté la ausencia de partes que no deberían faltar. Mis ojos, ahora convertidos en huecos húmedos, y en el espacio destinado a mi autoestima, solo hallé un abismo. Un olor nauseabundo penetró en mis fosas nasales sin consentimiento. Pude estirar las manos y, al explorar mi propio cuerpo, constaté que mis piernas se encontraban gangrenadas, dos masas flácidas y malolientes. Moscas verdes zumbaron a mi alrededor, llevándome a la desesperación, y decidí ingerir dos de ellas, masticando sus intestinos como quien degusta caviar. Traté de gritar, mi voz resonaba de manera metálica. De repente, algo húmedo y áspero rozó mi pierna, desencadenando un episodio de excreción involuntaria que liberó todo lo que había consumido la noche anterior. Convencido de que mi fin se aproximaba, despojé mis ojos de las gafas de superrealidad virtual de la consola, solo para descubrir a Thor, mi gato, ansioso y hambriento.

LA VOZ

Ella dictaba las órdenes, y yo las ejecutaba, más por inercia que por placer. Sucedía sin previo aviso y en cualquier lugar: calles, parques, supermercados... Mi primera vez fue en el bosque, cuando aún era un niño. La lluvia caía con fuerza sobre las hojas de los robles, y luego, las pesadas gotas resbalaban por mi rostro. Ella me dijo: «Ve y estrangula lo primero que veas». Sin titubear, lo hice. Recuerdo los ojos azabache de aquella ardilla, apagándose lentamente, su vida desvaneciéndose sin remedio. No sentí nada.

Lo que me pedía ahora era varias veces más cruel, y no estaba seguro.

Frente a mí, una docena de estudiantes, la pistola de mi padre en mis manos, apuntando a uno de ellos. La voz insistía en que lo hiciera ya, pero por alguna razón extraña, recordé a la ardilla y sus ojos azabache. Algo húmedo, desconocido, se formó en mis retinas. Empecé a ver borroso. Coloqué el arma sobre uno de los pupitres y me entregué a la policía. Pero incluso mientras las esposas se cerraban en mi muñeca, la voz seguía ahí, susurrando en las sombras de mi mente.

¿ASESINO?

Desde la ducha, una sombra con la silueta de un cuchillo en mano captó mi atención. Su respiración, apenas audible, y sus movimientos ágiles y sigilosos, delataban su presencia acechante. La certeza de que venía por mí envió temblores a través de mi cuerpo, como un terremoto de escala incontrolable.

Con la intuición de mantener el silencio, divisé unas tijeras en la balda. Las tomé con firmeza mientras la silueta se lanzaba hacia mí. A pesar de mi intento, la embestida me arrojó contra la mampara, dejándome vulnerable en el suelo.

Recogida como un fardo, fui conducida al dormitorio, donde mis extremidades fueron atadas con destreza a la cama. Frente a mí, mi verdugo enmascarado se detuvo, dispuesto a desencadenar su plan macabro. Con una lentitud que intensificaba el horror, retiró la máscara, revelando el rostro conocido de mi esposo.

En ese momento, mi mente giraba en espirales, desentrañando la complejidad de emociones y secretos que yacían ocultos detrás de esa máscara.

SUBLIME BELLEZA

Cuatro ejecutivos se tomaron un respiro en la cafetería habitual. Entre ellos, el más alto del grupo compartió una experiencia intrigante con respecto a una chica que había encontrado por casualidad el día anterior.

—Era como un ángel esculpido en mármol de Carrara por el mismísimo Miguel Ángel, y como las Néfeles, una ninfa caída del cielo —describió con entusiasmo— iluminaba la habitación como si la luz del sol emanara de ella. Su rostro, su piel, eran níveos y lisos, velados con gracia. Aunque tímida, desprendía refinamiento, y creo que es de origen italiano. En fin... debo regresar a verla de nuevo.

Sus amigos, con expresiones entre sorprendidas e incrédulas, lanzaron preguntas casi al unísono.

—¿Era sorda? —preguntó uno.

—¿Era muda? —inquirió otro.

—¿Era ciega? —añadió un tercero.

El ejecutivo alto exhibió una mirada satisfecha.

—Sí, a las tres preguntas.

—Entonces, o nos estás tomando el pelo o tu encantadora dama tiene una fuerte discapacidad —dijo el primero en preguntar.

—Ah, entiendo la confusión. No tiene discapacidad. Ella es la estatua *La Verdad Velada* del escultor Corradini.
—Su risa estalló al revelarlo.

LA FELICIDAD

Un día emprendí la búsqueda de la felicidad explorando los rincones de mi casa. En los cajones hallé solo calcetines y camisetas desgastadas que, en su tiempo, me sirvieron fielmente. Agradezco a esas prendas, pues moldearon mi identidad. Es gratificante rememorar esos breves momentos con las prendas desgastadas, pero sé que no debo revivirlos vistiéndolas de nuevo.

Mi exploración se extendió a los bolsillos y carteras, guardianes de tantos anhelos. A menudo pensamos que, si ellos están bien nutridos, nosotros también lo estamos. La cruda realidad difiere. Basta con que la brisa habitual del oeste cambie su rumbo al este o que las mariposas, acostumbradas a revolotear de arriba a abajo, decidan invertir su trayectoria. Cambios sutiles que, sumados, transforman la percepción.

Al final del día, la revelación me golpeó: los calcetines y las camisetas desgastadas poseen más valor que los codiciados bolsillos y carteras. En esas prendas, impregnadas de historia, yace la autenticidad que perdura, mientras que la búsqueda efímera de la plenitud material se desvanece en el viento de las mutaciones imperceptibles.

El PACIENTE RUSO

En sus murmullos apenas se distinguía el español, pero el nombre de Rebeca brotaba de sus labios con gruñidos mortificantes. La penumbra envolvía la escena y la orden de apagar las luces resonaba en el aire.

Vladimir golpeaba el suelo con su bastón, un tamborileo discordante en la quietud nocturna, mientras continuaba con sus desgarradores gritos por Rebeca. El descontento se propagaba entre los demás internos, y la revuelta se perfilaba como una amenaza inminente.

Decidí intervenir y rescatar la tranquilidad. Con firmeza, le administré a Vladimir una dosis de cianuro que silenció sus aullidos. Aunque los pacientes agradecieron la paz recuperada, mi acción tuvo un alto precio: quince años de cárcel por homicidio premeditado.

El ejercicio de mi profesión quedó en el pasado, y mi vida se deslizó hacia la indigencia. La soledad fue mi compañera al final del camino, pero al menos aquella noche mis pacientes durmieron plácidamente gracias al sacrificio que selló mi destino.

El MUSEO DEL PRADO

De niño, solía acompañar a mi padre al Museo del Prado. Aunque el arte no despertaba un interés particular en mí, disfrutaba del tiempo compartido con él. Los años pasaron, me casé, y nos distanciamos. Fue la partida de mi padre lo que me llevó de nuevo al museo. Allí estaba yo, solo entre los pasillos, imaginando que él caminaba a mi lado.

Un día, frente a *Las Meninas*, vi su reflejo en el espejo del cuadro. Me miraba con una sonrisa. No me sorprendió que eligiera este cuadro; aún recordaba las charlas apasionadas sobre sus posibles interpretaciones. Mi padre amaba ese lienzo y a Velázquez.

En mi segunda visita, lo encontré de nuevo, pero esta vez su mirada reflejaba preocupación, sus manos hacían aspavientos. No comprendí la advertencia que intentaba transmitir.

No hubo tercera visita.

MI DEMONIO

En medio de una tormenta apocalíptica, el cielo se desgarró, dando paso a un demonio que se coló en mi hogar. Su cuerpo escamoso, mitad cocodrilo y mitad humano, con patas largas y aguijones en las rodillas, tronco humanoide y cabeza de calabaza llena de sarpullidos. Dos cuernos de carnero adornaban su cabeza, y sus ojos rojos albergaban diminutos bichejos que parecían comunicarse con él.

Desde el primer momento, sentí una extraña identificación con él: un ser marginado y expulsado de su propia sociedad, al igual que yo. Nos entendimos mutuamente, y rápidamente nos convertimos en compañeros. Le llevaba ratas al principio, pero pronto descubrí que incluso grandes animales no lo saciaban por mucho tiempo.

Fue entonces cuando decidí probar algo diferente. Lucy, una compañera de trabajo que siempre me menospreció, se convirtió en su nueva fuente de alimento, saciándolo durante un mes. Esto se convirtió en un nuevo incentivo para mí. Alimenté al demonio con aquellos que no fueron amables conmigo, y así encontramos la felicidad durante meses.

Sin embargo, todo cambió en la siguiente tormenta apocalíptica, cuando otro demonio llegó en busca del mío, aparentemente arrepentido por cómo lo había tratado. Pero yo no podía permitir que se llevaran a mi compañero. Tomé un rifle y le disparé, decidido a proteger la relación que habíamos construido.

INFIEL

Enfrentando la ausencia de Raúl en casa los fines de semana, decidí contratar a un investigador privado para desentrañar el misterio detrás de sus prolongadas jornadas laborales. Aunque ya tenía mis sospechas, la necesidad de confirmar quién era ella y ver su rostro me consumía. Fantaseaba con venganzas violentas: incendiar su hogar con ella adentro, infligir daño a sus mascotas y, quizás, realizar actos atroces contra ella.

El investigador privado llegó, entregó un sobre y, tras el pago, se retiró. Abrí el sobre con ansias. Dentro, fotos y un informe. Al leerlo, la sorpresa y el desconcierto me invadieron. Raúl realmente pasaba los fines de semana trabajando, como indicaban las fotos de él en su escritorio durante dos meses. ¿Qué hacer ahora con toda esta ira acumulada? Necesitaba una válvula de escape, una manera de liberar la tensión que se había acumulado.

Decidí dar una vuelta por el vecindario. Mientras caminaba, la brisa nocturna acariciaba mi rostro, y empecé a reflexionar sobre la tormenta de emociones que había experimentado. Mis pensamientos se dispersaron, y me di cuenta de la importancia de abordar mis sentimientos antes de que consumieran la relación con Raúl. Encontré en la introspección y la comunicación la clave para superar la furia inicial y comprender la verdad detrás de su ausencia en casa.

LA CITA

La primera vez que la vi en el supermercado, supe que esa noche cenaríamos en el Martín Berasategui, famoso por sus tres estrellas. A pesar de mi entusiasmo, al pedirle una cita, fui rechazado.

En nuestro segundo encuentro, en el Retiro, ya planeaba casarnos en la Sagrada Familia y disfrutar de una luna de miel en París. Por alguna razón, intuía que le encantaba lo francés, como la *baguette,* el *croissant* y el *chocolat.* Nuevamente, al pedirle una cita, obtuve un rechazo.

La tercera vez coincidimos en San Fermín, y entonces comprendí que tendríamos hijos con ojos verdes, piel clara y un lunar en el muslo izquierdo. Mi solicitud de cita volvió a ser rechazada.

En nuestro cuarto encuentro, esta vez en el despacho de enfrente del curro, mi intuición me aseguró de que envejeceríamos juntos en Tenerife. Sin embargo, al solicitarle una cita, la respuesta fue nuevamente negativa.

En el quinto encuentro, ella vino a verme a la cárcel. Había obtenido una orden de alejamiento por acoso, quería asegurarse de que entendiera que lo nuestro no era una relación. Asentí a todo lo que dijo y, al despedirnos, le lancé un beso que no recogió. «La próxima vez tendría más suerte», me dije a mí mismo.

ESPERANZA MUTANTE

En el año 2085, la humanidad realizó su debut en Marte. Durante la primera caminata espacial, el geólogo Álvaro hizo un descubrimiento asombroso: una concentración de minerales radiactivos excepcionalmente elevada.

Este hallazgo desencadenó una metamorfosis única en él: se convirtió en el primer ser humano con poderes mutantes, específicamente el control sobre el magnetismo.

Con su nueva habilidad, Álvaro transformó Marte, purgando los elementos radiactivos y convirtiéndolo en un terreno habitable. Sin embargo, su ambición no se detuvo ahí. Movió la órbita de la Luna junto a este nuevo mundo, ofreciendo consuelo a futuros artistas, poetas y soñadores. Rediseñó la distancia al sol para fomentar la vida marciana, emulando la explosión de vida del período Cámbrico en la Tierra.

Los resultados fueron épicos: precipitaciones descomunales formaron un vasto océano en el norte de Marte, mientras en el sur emergieron exuberantes bosques y praderas. Ríos de tonalidades cobalto serpentearon entre majestuosas cordilleras volcánicas.

Al año siguiente, el planeta fue poblado y se llevaron a cabo las primeras elecciones. Aunque Álvaro fue elegido presidente, optó por ceder el cargo a su segundo para dedicarse plenamente a la constante transformación del planeta, dejando así un legado que definiría el destino de la humanidad en el cosmos.

LUNA Y YO

Desperté a las tres de la madrugada con antojo y me dirigí a la cocina. En la penumbra, distinguí claramente la silueta de algo o alguien.

Al notar que la sombra me daba la espalda, me acerqué furtivamente y empuñé un cuchillo afilado. Sudores recorrían mi espalda como arroyos, temblaba como si una corriente eléctrica me atravesara, pero la adrenalina tomó las riendas de mi cuerpo de repente.

A mis pies, Luna ronroneaba, ajena al peligro que acechaba a escasos metros. A su vez, tanto ella como yo éramos ajenos a la identidad de la sombra.

Me lancé hacia la figura. Justo antes de alcanzarla, pareció perder el equilibrio. Sin titubear, clavé el cuchillo profundamente, y ni un grito se escapó. «Qué bien entrenado estaba para sufrir», murmuré.

Me alejé rápidamente, encendí las luces y regresé con determinación hacia lo que parecía ser un bulto extraño, quizás varias capas de ropa para el frío. De repente, el árbol del jardín, un roble de treinta metros, cedió y aplastó la mitad de la casa. El techo se desplomó, y Luna y yo escapamos por poco.

Al salir, vimos cómo la chimenea encendida prendió el roble. Unos botes de gasolina que había comprado para el coche también se incendiaron. En minutos, la casa ardió como el coloso en llamas.

El trauma me hizo olvidar al intruso. Cuando recordé, la casa ya había sido demolida y los escombros arrojados en un vertedero desconocido.

EL VERGEL

Érase un vergel donde flores, frutales y hortalizas coexistían en armonía, los tomates de Germán destacaban con su color vivaz y forma redonda, semejante a la de los planetas; siempre parecían sonreír. Recibían cuidados meticulosos, y cualquier intruso que se aventurara a rozarlos era bicho muerto.

En una ocasión, el vecino intentó arrancar uno sin permiso, y Germán estuvo a punto de propinarle un mamporro. La hija de Germán casi pateó uno, y como castigo, se le prohibió ver la televisión durante una semana. Pero quizá el día más memorable fue cuando el perro agarró uno entre sus dientes, pensando que era un juguete. Ni el perro ni el tomate regresaron; el perro se lo regaló al vecino, y el tomate resultó ser un hinchable.

En su cumpleaños, Germán se levantó cantando, preparó ensaladas y llamó a su familia. Al ver la mesa con los tomates cortados en rodajas, los comensales se quedaron atónitos.

—¿Qué ocurre? —preguntó Germán desconcertado—. ¿No os gusta la ensalada de tomate?

La revelación fue impactante: en lugar de tomates, había cortado las bolsas de hinchables que guardaba en la despensa.

LA HABITACIÓN DE LA ESPERANZA

Su mirada vetusta encerraba cientos de historias, ya enterradas; sus huesos cristalinos eran tapizados por piel colgante, y juntos conformaban su cuerpo menguado. A sus noventa primaveras todavía caminaba ágilmente, aunque su cabeza ya no era la de antes.

A veces no recordaba qué hacía en esa habitación de paredes verdes, y techo blanco. Esa habitación que le negaba una simple respuesta. En las otras estancias, otros se cuestionaban lo mismo.

Cada mañana, jóvenes con uniforme lo aseaban. Más que un acto erótico, resultaba divertido y agradable. Experimentaba placer al sentir la esponja sobre su piel, al saberse cuidado por otros. Las sonrisas y carcajadas eran un bálsamo, un alivio, una ilusión. Tanto él como ellas bromean sobre su cuerpo huesudo y desgastado. Él les contaba historias que carecían de final o principio.

Cada atardecer de los domingos, ansiaba la visita de una mujer llamada Sara. Ya no recordaba quién era, pero sabía que la quería con todo su ser. Un día, recibió una carta. No necesitó abrirla. Sabía que Sara nunca regresaría a su habitación de la esperanza.

El SECRETO DE LEONARDO

Lisa concluyó su desayuno, y su esposo Francesco la acompañó a la casa de Leonardo. Era un día especial, y hasta el bebé parecía sentirlo, dando más patadas de lo habitual.

Lisa vestía un elegante vestido largo y oscuro con mangas ajustadas y un escote alto que cubría gran parte de su cuerpo. Sobre el vestido llevaba un velo y un chal. Su postura era sencilla, con las manos cruzadas sobre el regazo y la mirada clavada en su esposo. Sin embargo, lo que más intrigó a Leonardo fue su enigmática sonrisa.

—Cuando terminemos la sesión, me encantaría jugar con el gato negro que acabo de ver correteando por el fondo de la habitación —Lisa declaró, señalando hacia donde vio el felino.

—¿Qué gato? Querida, no veo ningún gato —respondió Francesco.

—Yo no tengo gatos —dijo Leonardo, quien regresó del cuarto donde guardaba más pinturas.

Tanto Leonardo como Francesco se dirigieron a buscar al supuesto felino con un par de sardinas en la mano, pero no encontraron nada. Una atmósfera tensa se cernía sobre la habitación, como si algo estuviera a punto de revelarse.

A medianoche, Lisa se despertó y frente a ella estaba el gato de la casa de Leonardo. En cuestión de segundos, el gato se transformó en Leonardo.

—Desde niño siempre tuve el don del pincel y de la transformación —reveló el artista.

—Vaya, no... no me lo esperaba —dijo Lisa temblando—. Voy a llamar a Francesco inmediatamente. Seguro que le gustaría saberlo.

—Bien.

La habitación se llenó de una extraña tensión, como si el aire mismo hubiera cambiado. Sin embargo, antes de que pudiera hacer la llamada, Leonardo, en un instante, se transformó en un smilodon (felino del Pleistoceno) y la devoró en segundos.

LOS HILOS DE LA VIDA

Justin comerciaba con un hechicero que creaba los hilos de la vida en el bosque del condado de Sarnia. Estos hilos poseían el poder de resucitar a aquellos que habían partido en las últimas veinticuatro horas. Por breves minutos u horas, irradiaban una energía sobrenatural antes de regresar al reposo eterno, brindando a las personas la oportunidad de despedirse de sus seres queridos.

El dilema de Justin radicaba en la pobreza que afligía a la gente de Sarnia, quienes a menudo se retrasaban en los pagos o simplemente no podían pagar. Con una familia numerosa dependiendo de él, este comercio se había convertido en su sustento vital, pero las esperanzas se agotaban rápidamente.

El primer cliente de ese día, un anciano de noventa años, buscaba reconciliarse con su difunta esposa. Conmovido por la historia, Justin decidió obsequiarle con un hilo de la vida. A medida que avanzaba la mañana, más clientes llegaban, cada historia más conmovedora que la anterior. A pesar de la incapacidad de muchos para pagar, Justin no pudo negarles la última oportunidad de estar con sus seres queridos. Sabía que el hechicero se enfurecería, pero ya no había vuelta atrás.

Al día siguiente, en el bosque, Justin se encontró con su familia y el hechicero. Este reveló que había enviado intencionalmente a Justin a esa gente. En un instante, una casa con granja y huerta surgía mágicamente frente a ellos. El hechicero entregó lingotes de oro y explicó que, a partir de entonces, la familia de

Justin no volvería a pasar hambre gracias a su corazón compasivo.

Agradecido y emocionado, Justin y su familia vivieron en abundancia. Aprovechando la fortuna, proporcionó a sus hijos educación en letras, artes y ciencias, disciplinas que antes estaban reservadas solo a la realeza.

ESLATA EN JUEGO

En el este, el ejército de los serpios se alza como un mar de escamas. Al oeste, los lurtos, una tormenta de tierra, aguardan. La batalla por Eslata, joya del continente, está por comenzar, marcando la undécima guerra en tres siglos.

Cien metros separan a los serpios de los lurtos bajo el sol abrasador, los caballos impacientes revelan la tensión.

Dos caballeros distinguidos, uno por bando, se desgajan y galopan al centro del campo. Al llegar, detienen sus monturas, se despojan de los yelmos y se encuentran cara a cara.

—Si persistimos, será carnicería para ambos —advierte el caballero serpio.

—La rendición debe ser mutua —responde el caballero lurto, ansioso—. Observa a tus compatriotas, a tu familia... Ningún tesoro vale más que sus vidas.

Los caballeros, con la mirada fija, sienten el peso de la responsabilidad. Después de un tenso momento, el caballero de los serpios se encoge de hombros y exclama:

—¿Sabes qué? Estoy demasiado cansado para todo esto. ¿Te apetece tomar una cerveza y olvidarnos de la guerra?

El caballero de los lurtos sonríe aliviado y responde:

—¡Por supuesto, pero sin alcohol! Siempre he pensado que las guerras están sobrevaloradas. Vamos, hagamos historia como los caballeros que eligieron la paz y la birra.

Ambos se montan en sus caballos, dan orden de ser seguidos y comienzan a cabalgar hacia Eslata. Y así, la undécima guerra se convierte en la «Batalla de la Taberna», donde todos brindan por la paz y la buena compañía, y la ciudad floreciente se vuelve famosa por su cerveza en lugar de sus minas de oro y platino.

MATRIMONIO MEJILLÓN

Un matrimonio de mejillones del Cantábrico celebraba la llegada de su primer centenar de pequeños mejilloncitos, pero como era de esperar, estaban exhaustos por el trabajo que conllevaba la crianza. No podían disfrutar de una noche tranquila; el sueldo desaparecía antes de finalizar el mes; y la hipoteca de la roca donde se adherían tenía unos intereses astronómicos del 5 %.

En un intento de solventar sus problemas, apostaron en el Euromillones y La Quiniela, pero eso solo incrementó su deuda. Desesperada, la mejillona vio a un pescador de la zona y, sin que su marido lo supiera, le propuso ser su acompañante. El pescador aceptó.

En su primera cita, fueron a uno de los restaurantes más lujosos de la ciudad. Se deleitaron con la mejor selección de vinos y mariscos. Después de terminar la opulenta cena, pidieron postres, café y puros. El pescador sugirió subir a la habitación del hotel de arriba, que ya estaba pagada y contaba con champán y *jacuzzi.* A regañadientes, la mejillona aceptó.

Con la necesidad de escapar con el dinero, al entrar en la habitación, el pescador se despojó de su ropa, y un fajo de billetes asomó de su bolsillo. La mejillona, rápida como el mar, empujó al pescador al *jacuzzi,* se golpeó la cabeza y agarró el fajo antes de salir disparada hacia casa.

Nunca más volvieron a saber del pescador. El marido creyó que habían acertado en La Quiniela, y con el dinero, el matrimonio logró salir adelante.

EL SURCO

En un país distante vivían hombres sencillos, alejados de grifos metálicos y atuendos extravagantes. Saludaban al sol y la luna, y disfrutaban de su tiempo en un surco tan extenso como una fosa oceánica. Allí, con placer, trabajaban la tierra y el abono, algunos incluso pernoctaban, pasando meses sin abandonar el surco.

Cuando no se encontraban en la tierra, descansaban en camas modestas bajo la supervisión de hombres con batería. Estos jugaban con ellos de manera intensa, sumergiéndolos en juegos tan absorbentes que los hombres sencillos se quedaban dormidos con miradas perdidas y la piel fría.

Un día, un hombre con batería se unió a varios hombres sencillos en el surco. Aunque no dejaba de observarlos, no lograba comprender el origen de su felicidad. La frustración lo abrumó, y rompió a llorar.

Los hombres sencillos intentaron consolarlo, ofreciéndole jugo de amoniaco y jengibre, pero lo escupió groseramente tras dos sorbos. Al ver que nada lo tranquilizaba, lo dejaron ir, mientras continuaban trabajando la tierra.

Al amanecer, la tragedia golpeó; todos los hombres con batería fueron descuartizados, salvo uno: el desdichado hombre con batería. Los hombres sencillos se acercaron y le asestaron una puñalada en el corazón para aliviar su sufrimiento, y otra en la boca para sofocar sus quejidos mientras expiraba.

Los cuerpos inertes de los hombres con batería fueron llevados al surco y enterrados bajo tierra y abono. Los hombres sencillos retomaron su dichosa vida en el surco, siglo tras siglo, hasta la llegada de los hombres de metal.

LA IMPORTANCIA DE LEER

Érase una vez un príncipe azul, cuyo hogar era un deslumbrante castillo de oro y diamantes, donde los ríos fluían con un azul turquesa, y en sus aguas flotaban rubíes como joyas líquidas. Un día, paseando por los majestuosos jardines reales, se encontró con un anciano mendigo.

—Dime, buen príncipe, ¿alguna vez ha leído un libro? —preguntó el mendigo.

—¿Para qué perdería el tiempo en semejante simpleza? —respondió el príncipe con desdén—. Tengo todo el oro del mundo, ¿qué podría ofrecerme un libro?

El mendigo, con ojos sabios, se sentó en el suelo cruzando las piernas y le contó cómo había viajado a los confines del mundo gracias a los libros. Le habló de la *Ilíada* y la *Odisea, Don Quijote de la Mancha, Cien años de soledad,* y más. Los minutos se alargaron en horas, las horas se convirtieron en días, y el sol dio paso a una tormenta...

El mendigo concluyó su relato, miró al príncipe con ternura, y el príncipe le devolvió la mirada. De repente, un rayo atravesó al anciano y lo partió en dos.

El príncipe se arrodilló junto al cuerpo inmóvil, incrédulo. Un grito desgarrador escapó de su garganta.

—¡Menos mal...!, ¡qué cansino!, si no le parte un rayo, le hubiese partido en dos yo.

Desde entonces, cada año se celebra una fiesta en honor a ese día, donde queman un libro en el lugar donde cayó el rayo.

BOUCHARD Y SU PEDRUSCO

Corría el año 1799, y yo, por aquel entonces, ostentaba el rango de oficial francés en las filas del ejército napoleónico, encomendado a la busca de artefactos arqueológicos en Egipto. Bajo el implacable sol de la tierra faraónica, me encontraba deleitándome con un bocadillo de patata, descansando sobre una majestuosa piedra de granito.

Fue en ese preciso instante cuando un soldado, visiblemente indeciso, me interrumpió.

—Señor, creo que debajo de su... eh, asiento, podría haber algo de valor.

Al incorporarme, me percaté de que mi asiento temporal estaba adornado con jeroglíficos. En ese momento, ya sospeché que aquel fragmento de granito podría convertirse en uno de los hallazgos más destacado de la historia.

A lo largo de los años, participé en la revolución haitiana, la guerra de la Independencia Española y en los Cien Días. Mientras tanto, los científicos continuaron profundizando en mi descubrimiento: la piedra de Rosetta.

Décadas después, desde la otra vida, observé cómo esta piedra facilitó la decodificación de los jeroglíficos egipcios, marcando así el inicio de la egiptología. Aunque experimenté cierta molestia con Dios por privarme de la fama en vida, opté por abandonar el cielo y reencarnarme como vigilante nocturno en el Museo Británico para saborear mi propio descubrimiento. Eso sí, conservando siempre mi distintivo acento francés

MI ALMA, MI CUERPO, MI CEREBRO

Callejeando, mi alma y mi cuerpo se extraviaron en sendas opuestas. Con ambos perdidos, mi cerebro se sumió en la confusión, evocando una película sobre un libro de aventuras y una canción con estribillo pegadizo. La melodía era tan envolvente que eclipsó mi percepción.

Mi alma exploraba calles habitadas por gente de corazón noble, como labradores de la tierra y pescadores del mar. Un viejo marinero dijo: «La vida es dura, pero el trabajo arduo al final tiene su recompensa».

Simultáneamente, mi cuerpo deambulaba por callejones donde prevalecía la malevolencia, con personas que pasaban sus días en bares, entregadas al vicio y a la falta de respeto mutuo. Un borracho empedernido afirmaba: «Al final sufrimos, pero todo lo demás está bien».

La luna se alzaba en el horizonte, y mi cerebro, tras horas de desconexión, recordó la separación de mi alma y mi cuerpo. Los llamó, y al regresar, tuvo una sorpresa. Mi alma abogaba por el trabajo duro y una vida responsable, optando por quedarse con la gente noble de corazón. Por otro lado, mi cuerpo, seducido por la indulgencia del vicio, prefería la compañía de aquellos de corazón malévolo.

Ambos abandonaron mi cerebro. Sin cuerpo para desplazarse y sin alma para extinguirse, mi mente quedó atrapada en el recuerdo interminable de una película sobre un libro de aventuras, sobre una canción con estribillo pegadizo.

AQUILES
ALTERNATIVO

Cuando Héctor, líder de los troyanos, arrebató la vida a Patroclo, Aquiles, hijo mortal de Pelo y la ninfa Tetis, regresó al campo de batalla con la determinación de vengar a su amigo.

Aquiles buscó a Héctor y, al encontrarlo, le clavó una lanza en el cuello. Amarró su cuerpo al carro y lo arrastró por el campo de batalla durante más de una semana. Los griegos prevalecieron sobre los troyanos, y Aquiles, lejos de ser un insensato, (conocía la profecía de su propia muerte). Así que, anticipándose a su destino, mandó fabricar una protección especial para su talón. Cuando Paris lanzó la flecha destinada a poner fin a su vida, la protección demostró su eficacia.

Aquiles, lejos de ser solo un guerrero, se erigió como un astuto hombre de negocios. Tras seccionar el cuello de Paris y reescribir la historia, fundó una exitosa academia de lucha que expandió por el imperio y más allá.

En los años sucesivos, Aquiles contrajo matrimonio con una ninfa de las montañas, y juntos tuvieron tres hijos. Estos herederos llevaron la marca Aquiles a nuevas alturas, llegando a nuestros días como lo conocemos hoy: «Niku».

Aquiles, el líder visionario, falleció a la avanzada edad de seiscientos cuarenta y cinco años. Aquellos que lo recuerdan sostienen que fue un adelantado a su tiempo.

ENFADO GRAMATICAL

Desperté con una furia insólita hacia el lenguaje aquella mañana y decidí renunciar a los adjetivos, adverbios, nombres de lugar y nombres propios. Cada vez que alguien calificaba algo como «bonito», me provocaba arcadas. En la búsqueda de un coche, el vendedor me ofreció blanco o rojo, a lo que pensé, «¿Acaso no conducen todos al mismo destino?». Casi le propiné un guantazo, pero opté por el blanco porque estaba más cerca de la salida.

Más tarde, un colega en el trabajo empezó a abusar de adverbios de tiempo que terminaban en «mente». No soy propenso a la violencia, pero uno de ellos se ganó una zancadilla, que le llevó al suelo sin fregar.

En casa, mi esposa expresó su deseo de ir a Londres. Le advertí que, si mencionaba un nombre de lugar más, me largaría de casa. Y así terminé en el bar.

Aún reflexionando sobre mi aversión a los nombres de lugar, escuché a alguien en la barra llamando al camarero por su nombre propio. Eso de usar nombres propios fue la gota que colmó el vaso. Tomé una botella, la partí en dos, y con los ojos desorbitados, floté hacia ese insolente.

—¿No puedes llamarle «tú»? ¡Para eso existen los malditos pronombres personales!

Lo siguiente que recuerdo es un puño volando hacia mi rostro.

ARYA STARK

Viserion, el dragón resucitado bajo el control de los Caminantes Blancos, fundió el Muro como si fuera mantequilla blanca. Los Caminantes Blancos avanzaron hacia el sur sin apenas obstáculos.

Sin embargo, al llegar a Winterfell, se toparon con Jon, Daenerys, Arya, el resto de la familia, las tropas del Valle y del Norte, los Dothraki y los Unsullied.

—¡Ríndete! —gritó Arya.

El Rey de la Noche, al notar que la daga estaba fabricada en acero Valyrio, comprendió que no tenía escapatoria.

—Mi reina, nos rendimos. A partir de este momento, juramos serviros —dijo inesperadamente el Rey de la Noche.

Arya, sorprendida por la respuesta, dudó por un instante. La visión del Rey de la Noche, un ser aparentemente indefenso y arrepentido, la conmovió. Sin embargo, el ímpetu de la batalla aún latía en su interior, y con una mezcla de emociones, lo degolló.

Al instante, todos los Caminantes Blancos desaparecieron, incluido el Rey de la Noche. Arya, cargando con el peso de su decisión, jamás reveló a nadie la rendición de aquel monstruo en sus últimos momentos. La duda sobre si su asesinato fue un error la atormentó cada día. A medida que envejecía, la joven guerrera se encontraba perseguida por aquella escena. Finalmente, con tan solo veinticinco años, la hallaron ahorcada en su habitación.

CLASE DE ÉTICA

En el aula de ética de cuarto de la ESO, la profesora Domínguez planteó a sus alumnos una pregunta que resonó en el silencio del aula:

—¿Nos detenemos a reflexionar siempre sobre quiénes serán afectados por nuestras decisiones?

Una pausa sepulcral se apoderó del ambiente.

—La respuesta moralmente correcta debería ser sí —respondió Juan—. Pero, en la práctica, ignoramos las consecuencias cuando las personas afectadas no están en nuestro círculo cercano. La historia ha demostrado que, desde tiempos inmemoriales, el ser humano tiende a ser malo y egoísta por naturaleza. Tomemos, por ejemplo, el conflicto entre palestinos e israelíes en la Franja de Gaza, que comenzó en 1948 cuando el Reino Unido abandonó esas tierras. La ONU intervino, las dividió según su parecer y esperó a que las cosas funcionaran.

Juan hizo una breve pausa, bebió agua de su vaso y prosiguió.

—¿Se detuvieron a pensar el Reino Unido y la ONU en quiénes se verían afectados por sus decisiones? Claro que sí se lo preguntaron, sin duda. Y dado que no les afectaría directamente, dieron el asunto por resuelto: «Que se maten entre ellos, si nos quedamos, nos arruinaremos».

La profesora se acercó a Juan con un semblante serio.

—Juan, por favor, recoge tus cosas; tienes un diez en mi asignatura.

CAJA DE ARREPENTIMIENTOS

Ahí me encontraba, aprisionado en una caja de madera de pino que oprimía cada centímetro de mi ser. Supongo que la trampa funcionó, probablemente atraparon a la cucaracha. La respiración se volvía un desafío y la visión era un lujo inalcanzable. Mi última memoria era el lamento agudo de la sirena de la ambulancia que resonaba en mis oídos. Recordé que había bebido, fue un accidente, y el destino me llevó a este estrecho confinamiento.

De repente, comenzó un cántico desde lo alto, un murmullo celestial que rompía el silencio opresivo. Pronto, reconocí las voces de mis seres queridos, un eco lejano de familiaridad en la oscuridad. Luego, la lluvia de tierra empezó a caer, cada golpe en la madera resonaba como el suave oleaje en la playa, creando una sinfonía calmante que envolvía mi morada final.

En el lapso de ese ritual terrenal, se hizo el silencio. Y yo sonreía. Mis errores se desplegaban ante mí, y comprendí que merecía este destino. La única consolación que me acompañaba era saber que la familia a la que desplacé de su camino, aquellos a los que afecté con mis acciones imprudentes, no estaban aquí abajo, compartiendo mi último refugio.

INICIATIVA PROPIA

Las horas en el hospital se deslizaban con una parsimonia desafiante, como si el propio tiempo se regodeara con la agonía de la espera. Este hecho, respaldado por las leyes físicas y mi inquebrantable paciencia, alcanzó nuevas cimas cuando me vi confinado a una habitación olvidada por el mundo y el universo conocido.

Después de cinco horas interminables aguardando el alta, decidí tomar el control de mi destino. Con firmeza, me aventuré en busca de respuestas, ansioso por escapar de la incertidumbre que se cernía. Fue entonces cuando desentrañé el misterio que rodeaba mi abandono. Volví sigilosamente a mi refugio, cerré la puerta con cautela y, con la adrenalina pulsando en mis venas, desplacé todos los muebles disponibles para fortificarla.

Me acurruqué en el suelo, la ansiedad palpable en cada fibra de mi ser, aguardando lo desconocido. ¿El motivo? Una invasión zombi había tomado por asalto el hospital. Gemidos guturales y el nauseabundo hedor de la muerte impregnaban el aire. Sus pies sin vida resonaban en los pasillos, aumentando la intensidad de mi angustia mientras esperaba, cuestionándome si los héroes se presentarían en forma de policías o bomberos para rescatarme de este singular apocalipsis hospitalario.

¿MI PRIMER ASESINATO?

No se callaba ni bajo el agua, con su constante parloteo que abordaba todo, desde esto hasta lo otro, y lo de más allá. Mis oídos ya no registraban sus palabras; comencé a evadirme, sumergiéndome en mis propios pensamientos sobre las compras pendientes en el supermercado, el trabajo acumulado, esa película inédita de Bruce Willis, lo favorecedores que me quedaban los vaqueros, el dolor persistente en la espalda por mi falta de compromiso con el pilates desde hace un mes, e incluso el grano que esperaba explotar con satisfacción al llegar a casa, cargado de pus.

Cuando regresé a la realidad, él aún no había cerrado la boca. Bla, bla, bla, bla, bla... Fue entonces que dirigí mi mirada a la derecha y avisté un camión inmenso, lo suficientemente grande como para reducir a puré un bloque de hormigón armado. El camión se aproximaba, y tenía la oportunidad de poner fin a su interminable monólogo. Iba a acabar con él. Pero no pude. Por un instante, me asaltó el temor de que mi dispositivo móvil podría haber quedado destrozado en el proceso. Respiré profundamente y, tomando una decisión instantánea, colgué.

REUNIÓN DE AMIGOS

William viajó a Madrid con la intención de visitar a su antiguo amigo Miguel y, de paso, disfrutar del vino tinto del que tanto había oído hablar. Al llegar, se hospedó en una posada en la calle Alcalá, acordando encontrarse con Miguel en un mesón. Cuando finalmente se reunieron, los amigos se abrazaron efusivamente, intercambiando las típicas preguntas indiscretas sobre apariencias y andanzas: «¿Has engordado?, ¿qué te han hecho en la cara?, ¡ese lunar te hace más feo!, ¿y te has casado con la Catalina?».

Después de finalizar el protocolo de preguntas, pidieron unas lonchas de jamón serrano y una botella de vino. Mientras masticaba el jamón, Miguel proclamó con entusiasmo:

—Esta será mi obra maestra, la he titulado *Don Quijote de la Mancha.*

William, con su toque británico, respondió con una pizca de escepticismo:

—Suena extenso, pero quizás funcione con el lector español. Yo también estoy trabajando en algo revolucionario, lo llamo *Hamlet.*

—No hablo inglés —Miguel declaró.

—Significa «aldea» o «caserío» —William tradujo.

—Del caserío me fio —respondió Miguel a carcajadas.

UNA ODISEA CROMÁTICA

Desperté en calzoncillos y mi consternación alcanzó proporciones épicas al notar que mi habitación, muebles, libros, ordenador e incluso mi propia piel carecían de color. Todo sumido en monocromía, como en la antigua cinematografía. La ansiedad me invadió, y en un acto desesperado por verificar si estaba atrapado en una alucinación onírica, me golpeé la cabeza, experimentando un dolor agudo que descartó la posibilidad de una mera invención de mi mente.

Busqué consuelo llamando a mi gata, pero ella, como de costumbre, me ignoró, con la indiferencia única de los felinos. Me vestí apresuradamente, incapaz de combinar la ropa decentemente, y salí, solo para descubrir que el mundo también perdía su color. Incluso el arcoíris carecía de su cromatismo característico. Una auténtica desgracia cromática.

Al frotarme los ojos en un intento de comprender lo inefable, percibí una silueta peculiar alrededor de mis gafas. De repente, como una manifestación a todo color en un mundo de tonos apagados, mi hermana apareció en la calle, riéndose a carcajadas ante mi perplejidad. Parecía que mi día en blanco y negro adquiriría un toque de comedia a todo color.

MEDUSA Y PERSEO

Perseo, nacido de la unión entre Zeus y Dánae, emprendió una peligrosa misión, armado con espada y escudo para enfrentarse a las temibles gorgonas, Esteno, Euríale, y la más temible de todas, Medusa.

Al hallar a las gorgonas, Perseo utilizó su astucia. A través del reflejo en su escudo, evitó el devastador poder de sus miradas, capaz de petrificar a quien la enfrentara directamente. Pero lo que vio le produjo un horror profundo: las tres cabezas estaban coronadas por serpientes en lugar de cabello.

—Veamos que traes por aquí —gritó Esteno.

—¡No me intimidáis! —respondió Perseo con determinación—. Conozco vuestros poderes y no caeré convertido en piedra al miraros directamente. ¡No tengo temor!

Entonces, una revelación inesperada procedente de Medusa resonó en el aire:

—¿Sabías, acaso, que también tenemos el don de otorgar la inmortalidad?

Perseo, sorprendido, se sumió en profundos pensamientos durante unos minutos.

—Si me concedéis la inmortalidad, os concedo la vida.

Con un gesto decidido, Perseo arrojó su escudo y avanzó hacia ellas. Desde aquel día, nadie volvió a tener noticia del hijo de Zeus y Dánae.

FANTASMA ESCOCÉS

Berdie, un fantasma ancestral de un majestuoso castillo escocés, había perfeccionado su arte de aterrorizar y saquear a los desprevenidos turistas. No obstante, en pleno siglo XXI, su negocio espectral empezó a decaer. Las visitas disminuyeron, y los valientes que se aventuraban ya no se dejaban impresionar por los viejos trucos: muebles que se movían solos o puertas que chirriaban.

Decidido a adaptarse, Berdie emprendió una nueva estrategia y abrió cuentas en Facebook, Instagram y TikTok, compartiendo videos donde se lanzaba contra las paredes del castillo. El éxito fue instantáneo; Berdie acumuló más «me gusta» que los *influencers* humanos.

Sin embargo, la fama pronto le resultó tediosa, y Berdie anhelaba más. Profundizando en el mundo digital, estudió a fondo su funcionamiento y logró tomar control de internet y toda la tecnología creada por los seres humanos.

Con tanto poder, Berdie tomó una decisión sorprendente. En lugar de utilizarlo para su propio beneficio, optó por una transformación radical. Exterminó a la especie humana y, con maestría, dio vida a una nueva, más respetuosa consigo misma y con el medio ambiente.

CABREO CELESTIAL

Dios descendió a la Tierra, enfurecido, deslizándose en una nube al estilo Goku y lanzando rayos como Zeus. Empezó desintegrando todas las construcciones religiosas, reservando la Basílica de San Pedro para el final. Se colocó frente a ella, la observó como un torero antes de la estocada final y, con un hechizo al estilo Harry Potter, la vaporizó al instante.

Luego, se dirigió a todos los monumentos dedicados a dignatarios religiosos. Finalmente, reunió a todos los devotos y se expresó con ira:

—¡Pero ¿qué os habéis creído, desgraciados?! Dos mil años, y ya no os quieren ni en las verbenas del pueblo —declaró Dios indignado.

El sumo pontífice, al frente de la congregación, dio dos pasos adelante.

—Permiso para hablar, su divinidad —murmuró temblando—. Es que...

—¡Ni «es que», ni hostias sagradas! O le dais la vuelta a la tortilla, o vuelvo y os reviento a hostias, pero de las que duelen.

Dicho esto, Dios regresó al cielo, a rematar una partida de mus contra los doce apóstoles.

CUEVAS DE ALTAMIRA

El genio artístico del Magdaleniense, nuestro «Miguel Ángel prehistórico», se preparaba para dar los últimos toques a su obra maestra: el bisonte.

Había pasado meses recolectando el carbón más puro de los alrededores para delinear el imponente y robusto contorno del bisonte. La parte más delicada requería su toque experto: rellenar el interior con pigmento ocre, obtenido de conchas marinas seleccionadas minuciosamente en la brava costa cantábrica. La iluminación debía ser perfecta, con antorchas estratégicamente ubicadas para no dañar la obra ni las existentes a su alrededor. Había elegido este día específico, ya que el cielo no había soltado una gota de agua en varias lunas. Además, sus dioses parecían haberlo bendecido al partir un huevo y que saliera entero.

—Vamos allá —se animó a sí mismo—. ¡Tú puedes! —Miró la piedra caliza como su lienzo y exclamó—: ¡María, ven tú, que a ti se te da mejor!

Su esposa, a cargo también de sus ocho hijos, completó la pintura más hermosa del Magdaleniense.

LA FÓRMULA

Albert Einstein, inmerso en sus reflexiones en el baño, fue iluminado por una idea genial: «¡Eureka! La fórmula para evitar que el papel higiénico se agote». Al levantarse, se percató de que el rollo estaba vacío, brindando el escenario perfecto para poner a prueba su innovadora fórmula. Sin embargo, tras varios intentos, el fracaso se cernió sobre sus esfuerzos. Algo indicaba que algún error de cálculo se había filtrado en su genialidad, o tal vez el papel higiénico estaba emergiendo en algún universo paralelo, uno donde él mismo estaba ocupado atendiendo sus necesidades. Al menos, reflexionó, su otro yo se beneficiaría de un abundante suministro.

Después de horas de frustración, Einstein logró corregir su fórmula. Descubrió varios errores de cálculo en la versión original, incluso olvidó el segundo decimal. Consciente de su apremio por llegar a una convención, en esta ocasión, decidió buscar ayuda externa y dejar que otros, quizás sus becarios, la probaran en futuros apretones.

LA PALABRA

Permíteme presentarme adecuadamente. Soy una palabra en la antesala de la Real Academia Española (RAE), una institución que, según sus propias palabras, es «la obra lexicográfica académica por excelencia». Abuela no les falta. Fundada en 1780, ha tenido unas cuantas generaciones para acumular sabiduría, con veintitrés ediciones a cuestas. ¿Su propósito? Recoger el léxico utilizado en España y en todos los países hispanohablantes.

Mi vida ha sido una lucha constante por entrar en ese selecto club. Cinco décadas, ¡sí, cinco décadas!, he esperado pacientemente mientras otras, menos preparadas y carentes de la gracia española que me caracteriza, eran admitidas.

Pero lo ocurrido en este 2023 supera cualquier comparación: «puntocom», «monodosis», «cuarentañero», «mamitis», «potar», «videojugador» y «panetone». ¡Felicidades por su admisión! Sin embargo, no puedo entender cómo la RAE ha descendido a tal punto y las ha considerado más dignas que yo.

Con un suspiro de despedida, revelo mi nombre, que es...

QUINQUENIO DE RESISTENCIA

Me encontré a cargo de los críos. Sus amenazas de muerte y las cicatrices en mi cuerpo convencieron al juez y a los testigos. No obstante, el temor persistía, ya que conocía el paradero de nuestra residencia y, tras cumplir sus cinco años de condena, no albergaba duda de que regresaría por nosotros.

Aproveché esos cinco años para adiestrarme como una profesional en el arte de la defensa propia. Dejé a los niños bajo el cuidado de los abuelos durante doce horas al día, dedicando ese tiempo a perfeccionar mis habilidades.

Al transcurrir el quinquenio, una noche, mi «ex» intentó forzar la puerta trasera. No vacilé en enfrentarme a él sin misericordia alguna. Después de poner fin a su vida, procedí a desmembrarlo, disolver sus restos en ácido y eliminar cualquier rastro innecesario.

ENTRE GOTAS Y MORDISCOS

Al dar inicio al nuevo año, transformé de manera radical mi estilo de vida. Opté por una vida abstemia, entregándome al naturalismo y abrazando la filosofía budista. Renuncié a los placeres carnales y me retiré a una cueva en las majestuosas montañas de Nepal.

Durante dos décadas, me entregué a meditar profundamente sin moverme, alimentarme ni beber. Cada gota de agua que impactaba continuamente en mi coronilla y cada mordisco de ardilla, se convirtieron en elementos intrínsecos de mi experiencia. A pesar de mi esfuerzo constante, no logré alcanzar la condición meditativa anhelada.

Tras este extenso periodo de reflexión, abrí lentamente los ojos y apagué el incienso que los monjes habían encendido en mi honor. Al asomarme a la entrada de la cueva, con el corazón abatido, me di cuenta de que no me había transformado en alguien nuevo. Era consciente de haber perdido dos décadas de mi vida, y esa realidad se apoderó de mí, comprendiendo que esos veinte años ya no podrían ser recuperados. Surgió la tentación de regresar a la vida anterior, la del alcohol, la calle, las drogas. No obstante, la tentación se esfumó en segundos. Aunque no fuera un monje tibetano, tampoco volvería a las calles.

NOCHEBUENA CON LOS GUITIÉRREZ

La Navidad inundó la casa de los Gutiérrez con un despliegue opulento de sabores y una exhibición visual que rivalizaría con cualquier espectáculo. La mesa se convirtió en un festín extravagante: langostinos jugosos, bogavantes frescos, láminas de jamón ibérico, *pudding* de cabracho que exudaba exquisitez, pinchos artísticamente decorados de huevos cocidos con mayonesa, jamón y aceitunas, y croquetas rellenas de una mezcla divina de jamón y pollo. No faltaron el salpicón de marisco, las anchoas de Santoña y, como piezas maestras, cordero y lubina asados, cada uno con sus respectivas y suculentas guarniciones. El broche final: tartas heladas que competían en belleza con su delicioso sabor, polvorones que desataban la esencia de la tradición, turrón que derretía el paladar y trufas de chocolate que prometían el éxtasis dulce.

La casa, por su parte, se transformó en un sueño navideño palpable. Un abeto majestuoso de dos metros, sus ramas cargadas de adornos relucientes y destellos de luces, se erigía como el centro de la celebración, desafiando, con gracia, los intentos de gatos traviesos de derribarlo. Globos de colores vibrantes flotaban por todo el espacio, otorgándole un toque lúdico y festivo. Un Papá Noel a tamaño real, con ojos luminosos al estilo Chucky, mantenía su mirada vigilante sobre la escena. La espuma, que recordaba la nevada de Londres del siglo XIX, se extendía por el suelo, añadiendo un toque mágico. Guirnaldas intrincadas, abanicos de papel que ondeaban con gracia y aros decorativos suspendidos del techo completaban esta obra maestra de decoración navideña.

Los Gutiérrez júniores irrumpieron en el escenario navideño. Inspeccionaron cada detalle decorativo con ojos de asombro y realizaron una evaluación cualitativa y cuantitativa de la profusión culinaria ofrecida por sus padres. La más pequeña, actuando como portavoz de los tres, dejó escapar una exclamación efusiva.

—¡McDonald's!

MOZART Y SU FANTÁSTICA TRAVESÍA

En una travesía surrealista y fantástica, Mozart cruzó un agujero negro hacia Graceland en 1965, donde se encontró con Elvis. Tras un intercambio de elogios, decidieron fusionar sus talentos en una sesión musical inolvidable.

Elvis, con su estilo distintivo, entonó clásicos mientras deslumbraba con sus movimientos. Mozart transformó las canciones en majestuosas sinfonías, tejiendo una armonía que trascendía las eras.

—¡Impresionante! —exclamó Elvis—. Eres el más grande.

—Gracias. Tú tampoco te quedas atrás, considerando tu época —respondió Mozart con modestia.

—¿Te apetece algo de beber o comer? —ofreció amablemente Elvis.

—Lo que sea que esté de moda ahora, lo dejo a tu elección.

Elvis regresó con una *pizza* y Coca-Cola, encontrando a Mozart experimentando con un extraño polvo.

—¿Qué son estos polvos mágicos? —preguntó Mozart, ya bajo sus efectos.

—Son mi antídoto para sobrellevar la presión de la fama. Debes tener cuidado; el abuso puede ser letal. Creo que será lo que, eventualmente, acabe conmigo.

—¿Y si viajamos al futuro y lo comprobamos? —propuso Mozart.

—No tenía ni idea de que pudieras controlar esa cosa negra flotando en mi comedor.

Ambos amigos se aventuraron en el agujero negro, transportándose a los años noventa. Confirmaron la trágica muerte de

Elvis por drogas, asistieron a un emocionante concierto de Michael Jackson y regresaron a 1965.

—¿Y si vienes conmigo a la Viena de 1780, con médicos de tu tiempo? Podríamos curar mi enfermedad, sí, vi que muero a los treinta y cinco, y disfrutar de la vida juntos —rogó Mozart a Elvis.

Elvis, sin dudarlo, reunió a su familia y médicos, secuestró a Michael Jackson y, junto a Mozart, se aventuraron a la Viena del siglo XVIII.

El POZO

Me asomé al pozo en esa noche de neblinas, con búhos cantando y la luna llena, mientras la guadaña me devolvía su mirada cadavérica. El reloj de arena marcaba el fin para mí, y ella lo sabía.

No choqué con los fríos laterales de piedra caliza, sino que descendí como un Sputnik directo al fondo. La vida no desfiló ante mis ojos, solo la pared del pozo durante unos escasos tres o cuatro segundos.

Mi cuello se quebró instantáneamente, y mi alma se liberó. Mientras levitaba fuera del pozo, me preguntaba a dónde iría primero. ¿Al cementerio para asustar a los niños? ¡Mejor aún, a las grandes petroleras! Se lo merecían más.

Así que dirigí mi rumbo al mar del Norte y elegí una plataforma al azar. En cada tormenta, cuando olas gigantes irrumpían, yo gritaba con fuerza, como solo saben los fantasmas. Los trabajadores, desde ingenieros hasta personal de limpieza, temblaban y no volvían jamás.

Con las tormentas frecuentes ese año, muchas plataformas quedaron desiertas. Las petroleras perdieron su poder económico y cerraron por bancarrota. Repetí la hazaña en Oriente Medio y otros lugares del mundo.

Diez años después, nadie se atrevía a explotar petróleo por miedo al fantasma de las plataformas, es decir, a mí. Tuvieron que innovar en combustibles ecológicos rentables gracias a mi inusual intervención. Mi espectro se convirtió en el guardián del medio ambiente, forzando un cambio hacia un futuro más sostenible.

FRODO

Frodo se sentó exhausto sobre una roca en el Monte del Destino, su mirada fija en el Anillo que tenía en la mano. La decisión crucial de deshacerse de la reliquia en las ardientes lavas en las que fue forjada pesaba sobre sus hombros. En ese instante, cuando la tentación y la fatiga luchaban en su interior, Gollum, obsesionado con el Anillo, surgió de las sombras y atacó al Hobbit por la espalda, arrebatándole la preciada joya. Sin embargo, un tropiezo fatal llevó a Gollum a caer con el Anillo en las letales lavas de Mordor.

Frodo, contemplando la destrucción del Anillo, fue invadido por una idea que lo estremeció. ¿Y si él forjara otro Anillo de Poder? ¿Y si, en lugar de destruir la fuente de la oscuridad, él mismo se convertía en el amo de Mordor? La idea de ser el nuevo Señor Oscuro lo sedujo: todos los siervos de la oscuridad le obedecerían.

—¿Qué opinas, Sam? Tú serías mi mano derecha —inquirió Frodo, con una chispa de ambición en los ojos.

—Hasta el infinito y más allá, señor Frodo —respondió Sam, sin titubear.

Reuniendo a su nuevo ejército compuesto por los siervos de la oscuridad, Frodo desató su furia contra la Comunidad del Anillo, elfos, enanos, árboles gigantes, hombres del norte y otros habitantes de la Tierra Media. La victoria fue suya, y Frodo se sentó en el trono universal.

PARQUE JURÁSICO

Un vaso con agua sobre el panel del *jeep* trazaba pequeñas ondas concéntricas, advirtiendo la cercanía de un coloso carnívoro. Tim señaló nervioso e impotente al vaso; a pesar de su corta edad, sabía lo que significaba. Aunque resguardados en el vehículo, la tensión se palpaba bajo la lluvia torrencial. Los pasos del gigante resonaban cada vez más cerca. Lex soltó un grito de pánico al presenciar cómo fragmentos de la cabra golpeaban la luna de su vehículo.

El T-Rex, con su imponente tamaño y colmillos mortales, se asomó al otro lado de la verja, aterrorizando a todos, especialmente a los niños. Con la certeza de que la verja estaba inoperante, se avecinaba lo peor.

Con furia, el T-Rex destrozó la verja, confirmando el destino inminente de los presentes. Donald, aterrado, abandonó el vehículo y corrió hacia un cobertizo con baño a unos veinte metros. El T-Rex le persiguió y lo devoró. Lex lo iluminó con una linterna; el T-Rex, tras examinar el *jeep,* los embistió suavemente, destrozando el techo y aterrorizando a los niños. Luego, volcó el *jeep* con facilidad, dando vueltas de campana. En ese instante, Alan, saliendo del otro vehículo y enfrentándose al dinosaurio, optó por algo diferente. Extrajo un táper con fabada asturiana y se lo ofreció al colosal carnívoro. Después de probarla, el T-Rex se retiró satisfecho, listo para una placentera siesta.

LA CAFETERÍA ITALIANA

La esperé pacientemente durante dos horas en aquella acogedora cafetería italiana. Finalmente, resignado, pagué la cuenta y me marché con el ramo de rosas y la decepción reflejada en el rostro. La lluvia caía intensamente, y ni un paraguas ni mi corazón destrozado me acompañaban en ese desolado camino.

Recordé las primeras palabras que intercambiamos en el chat, un simple «¿Qué haces por aquí un viernes noche?». Mi respuesta, autodenominándome como un bicho raro, provocó su risa virtual, acompañada de la revelación de que ella también compartía esa rareza. Su foto de perfil irradiaba calma, como si al mirarla, se disiparan todas las preocupaciones. Pero todo eso ya no importaba; dos horas de espera eran un testimonio elocuente.

Decidí regalar las rosas a mi madre y consolarme con unas castañas de aquel puesto que tanto me gustaba. La castañera, curiosa, quiso conocer al destinatario de las rosas. Al mencionar a Laura, sus ojos se iluminaron como farolas en la oscuridad. Reveló que Laura había pasado por su puesto hace dos horas y luego se dirigió hacia la cafetería italiana.

Con renovada esperanza, regresé y me di cuenta de que había dos cafeterías italianas. Laura estaba en la segunda, aguardando pacientemente.

DISCÍPULO Y MAESTRO

B ajo la sombra protectora de un sauce ancestral, el joven Alejandro Magno alzó sus ojos al cielo y, con la pureza de la infancia, lanzó una pregunta al viento.

—¿Por qué los pájaros vuelan?

Aristóteles, sabio entre los sabios, se ajustó la barba y desvió su mirada hacia una bandada de estorninos que danzaba en el aire, una coreografía celestial.

—Los dioses les otorgaron el conocimiento del viento —explicó el filósofo—. Y ellos, con gracia divina, lo convirtieron en danza. La práctica llevó al aprendizaje, el aprendizaje al perfeccionamiento.

Alejandro asintió, dejando que las palabras del maestro impregnaran su mente como el néctar de la sabiduría.

—Entonces, de mayor seré maestro de la guerra —declaró con determinación—. Los humanos nacen con el conocimiento del enfrentamiento, y la vida nos lleva a perfeccionar el arte de la venganza.

Aristóteles, conmovido por la comprensión temprana del discípulo, asintió con admiración, pero en sus ojos brilló una tristeza profunda. Aquella mañana lloró por todas las civilizaciones que estaban por venir, sintiendo el peso de un destino que se cernía sobre los hombres como una sombra inexorable.

LA AUTÉNTICA HISTORIA DE H. POTTER

Harry volvió a enfrentarse al fracaso y fue expulsado definitivamente de Howard. A pesar de haber sido señalado por Dumbledore como el elegido para enfrentarse a Voldemort, su rendimiento académico siempre estuvo por debajo de la media. Sus intentos de integrarse en la educación secundaria no mágica a los dieciséis años fueron también en vano, sintiéndose rechazado por el sistema.

En un intento por encontrar su lugar, Harry se unió al equipo de McDonald's, pero apenas duró una semana. La complejidad de recordar los ingredientes para las hamburguesas resultó ser una tarea insuperable para él. Finalmente, se sumergió en el oscuro mundo de las drogas, sintiéndose completamente solo a pesar de tener su varita mágica, que era más un adorno que una herramienta útil.

Un día, en su desesperación, Harry se cruzó con un anciano vagabundo que, con paciencia, le enseñó no solo sobre magia, sino también sobre educación secundaria y hamburguesas. Pasaron varios años, pero con estos nuevos conocimientos, Harry regresó a Howard, derrotó a Voldemort y se convirtió en un influyente líder tanto en el mundo mágico como en el no mágico.

EL DIPLOMÁTICO

É rase una vez un reino asediado por un temible dragón, cuyas llamas y centelleos sembraban el terror entre sus habitantes. Desesperado, el rey agotó todas las opciones, desde catapultas y ballestas hasta asesinos a sueldo, e incluso intentó apaciguar al monstruo con la monotonía de Netflix.

Un día, un forastero llamado Luca llegó al reino. A pesar de su aspecto frágil y pálido, caminaba con paso firme y confianza. Se presentó ante el rey con una propuesta audaz.

—¿Aseguras que puedes liberarnos del dragón? —inquirió el rey, mostrando escepticismo.

—Sí, su majestad. Soy un diplomático, y creo que, comprendiendo las razones del descontento del dragón, podríamos llegar a un acuerdo de paz —respondió Luca.

El rey, sin muchas opciones, le dio una semana. Al día siguiente, Luca se aventuró en el bosque donde el dragón merodeaba. Después de horas de caminata, lo encontró dormitando en un claro.

El dragón, al despertar, le advirtió que se marchara o se convertiría en su almuerzo. Luca, en lugar de temer, le preguntó por qué estaba de mal humor tan temprano y le sugirió probar la meditación y el *mindfulness.*

Ante la sorpresa del forastero, el dragón confesó entre sollozos que había intentado la meditación, incluso compró *The Power of Now* de Tolle, pero no logró pasar del capítulo tres.

Luca, siempre astuto, le recomendó probar con Jon Kabat-Zinn y le dio uno de sus libros. Juntos leyeron el primer capítulo, y el dragón, ahora más calmado, prometió dejar en paz al reino y comprometerse a meditar al menos diez minutos todos los días. La paz regresó al reino gracias a la diplomacia de Luca y la nueva afición del dragón por la meditación.

LA PREGUNTA

Hijos míos, sabéis que uno de vosotros ocupará mi lugar algún día —anunció el rey con solemnidad. Los tres hijos intercambiaron miradas perplejas. El mayor sintió que su corazón casi se detenía, y aunque protestó, el rey hizo caso omiso.

—Os formularé la pregunta más transcendental de vuestras vidas, y según vuestras respuestas, elegiré a mi sucesor. ¿Cómo convertiréis nuestro reino en un lugar mejor?

—Yo, como primogénito, debo ser rey, pues la realeza corre por mis venas —gemía el mayor.

El rey, pensativo, le dio unos minutos y pasó al siguiente.

—Yo soy el único entrenado en el arte de la guerra, por ende, el más capacitado para defender nuestro reino.

El rey asintió con una sonrisa y le cedió el turno al menor.

—No creo que deba reinar, pero si tengo el gran honor de hacerlo, lucharé por una tierra más próspera. He estudiado economía, matemáticas, historia durante dos años; creo que ese conocimiento sería útil.

Luego se retiraron a sus aposentos. Al día siguiente, el rey los convocó de nuevo.

—Está claro que cualquiera de los tres podría ser mi sucesor —declaró el rey—. Pero solo uno lo haría bien —añadió entre carcajadas.

—Uno haría naufragar el reino en el primer año, otro sabría defendernos en tiempos de guerra, pero solo tú, mi querido hijo menor, estarías suficientemente preparado para gestionar la economía, la política y lo social del reino. Sin embargo, he decidido darle el reino al insensato de vuestro hermano mayor, desde mañana mismo. Que destruya el reino y pongan a otro linaje al cargo, pues ya llevamos sirviendo quinientos años. Abdico, para ser rey emérito, como hizo Juan Carlos I en España. Mis maletas están listas para Dubái.

ANOMALÍA ESPACIO-TEMPORAL

Giré la llave, las luces estallaron en un resplandor deslumbrante, el motor rugió como un dragón de *Juego de Tronos*. La máquina del tiempo latía con la misma energía que tú y yo. Era casi un ser vivo, mi creación, a la que quería como a un hijo. No pude resistir la tentación de inmortalizar el momento con un selfi, que envié a todos mis colegas en la comunidad de inventores. Sabía que morirían de envidia.

Sin embargo, surgió un pequeño problema: la máquina permitía un solo viaje y pasajero. Decidí insertarme el casco, ajusté el cinturón y me embarqué en un viaje al día en que alguien inventaría una máquina del tiempo que permitiera múltiples viajes con varios pasajeros.

Al llegar a ese futuro, me di cuenta del fatal error. Me encontraba en un planeta lejano, con una gravedad abrumadora, una atmósfera compuesta al 100 % de arsénico y un sol un millón de veces más radiactivo que el nuestro. En el momento de mi llegada, implosioné, convirtiéndome en una anomalía espacio-temporal. Poco después, mi yo del pasado, de otro universo paralelo, cometió exactamente el mismo error y terminó en el mismo lugar. Este patrón se repitió, generando millones de anomalías espacio-temporales.

En un extraño giro de la física, que no comprendo del todo, llegó un momento en que había tantas versiones de mí mismo implosionadas que, un buen día, desperté ileso en la Tierra, junto a la máquina del tiempo. Fue entonces cuando trinqué un martillo y la reduje a añicos.

UNA RELACIÓN ELÉCTRICA

En una misma habitación, apenas separados por un metro, los archienemigos Tesla y Edison libraban la épica guerra de las corrientes. Tesla proclamaba la superioridad de la corriente alterna, mientras Edison desafiaba a demostrarlo. Sus voces se elevaban en un duelo de intensidad que competía con la tormenta que se avecinaba.

Después de horas de acalorada disputa, la tormenta estalló sobre ellos. Sin percatarse, ambos genios conectaron sus experimentos. En el preciso instante en que presionaron el botón de encendido, un rayo traspasó la antena, fundiendo ambos aparatos y causando quemaduras de segundo grado.

Recuperándose en la misma habitación del hospital, Tesla y Edison, maltrechos pero inquebrantables, no podían dejar de discutir sobre cuál corriente era la verdadera vencedora. Agotados por sus interminables debates, los médicos propusieron una apuesta para poner fin a la disputa.

El jefe de medicina sugirió un último desafío: diseñar juntos un sistema de energía que combinara lo mejor de ambas corrientes. A regañadientes, ambos científicos aceptaron la propuesta y se sumergieron en la creación conjunta de un revolucionario sistema eléctrico.

Trabajaron incansablemente, fusionando lo mejor de la corriente alterna y continua. Finalmente, presentaron al mundo una red eléctrica innovadora y eficiente que combinaba lo mejor de ambos mundos. En lugar de ser recordados por su eterna rivalidad, Tesla y Edison pasaron a la historia como visionarios que, incluso en la adversidad, se unieron para cambiar el mundo.

SIN ALMA

En una aldea, un niño sin alma desconcertó a todos. La hechicera, conocedora de artes oscuras, ofreció a la madre una solución: mantener al niño con vida a cambio de sacrificios. Ratas, peces, conejos; cada sacrificio prolongaba la vida de su hijo, pero la madre no podía soportar quitar la vida a seres inocentes.

Abrumada por la desesperación, la madre tomó una decisión desgarradora. Se enfrentó a la hechicera y ofreció su propia vida como sacrificio. La aldea quedó envuelta en un silencio ominoso, la noticia de la entrega de la madre se extendió como un susurro siniestro.

La transformación del niño fue inimaginable. Su piel adquirió un tono pálido y translúcido, como si estuviera envuelto en sombras. Un mechón de pelo blanco se alzó en su cabeza, sus ojos brillantes se volvieron abismos grises. La sonrisa infantil desapareció, reemplazada por una mueca inquietante. Su primera palabra resonó: «Lucifer».

Las consecuencias fueron palpables. La aldea se sumió en oscuridad permanente, nubes procelosas se arremolinaban sobre los techos. Campos que antes florecían se marchitaron, un aire de desesperanza impregnó el lugar. Los aldeanos, atrapados entre miedo y tristeza, evitaban la mirada del niño, imbuido de una presencia siniestra.

En la lejanía, la madre observaba desde el más allá, llena de dolor y la incertidumbre de si su sacrificio realmente valió la pena. El eco de su llanto resonaba entre las sombras que envolvían la aldea.

DÍA EN LA LIBRERÍA

La librería me impresionó con sus cientos de baldas repletas de libros, todos meticulosamente ordenados y con un distintivo aroma a historia impresa. Mientras buscaba *Los pilares de la tierra* de Ken Follett, ella apareció de repente en mi camino. Siguiéndola a cierta distancia y con máximo sigilo, llegamos a la sección de cocina, donde desentrañó un libro de postres tras otro.

Entre miradas furtivas desde la sección de enfrente, pretendía hojear la autobiografía de Ted Bundy. En un instante, como si hubiera captado alguna de mis discretas observaciones, abandonó abruptamente la sección de cocina, llevándose consigo un volumen de mil quinientas páginas, con lomo de tapa dura, posiblemente de cuero.

Curioso, me asomé y descubrí que su nuevo interés yacía en la sección de historia, en la planta de abajo. Sin titubear, descendí las escaleras y, de repente, me desvanecí. Al recobrar la conciencia, una misteriosa nota reposaba sobre mí. No pude resistir la tentación de leerla. «No sé quién eres, pero si vuelves a perseguirme, en lugar del lomo de *Recetas regionales*, te golpearé con el de *Guerra y paz*. Firmado, Estás advertido». Así fue como conocí a mi querida mujer.

EL AGORERO

El médico me examinó y se detuvo al percibir un ruido extraño en mi cuerpo.

—¿Pasa algo? —pregunté, mi imaginación ya anticipándome enfermedades letales—. ¿Es tuberculosis, meningitis, o peor aún, malaria?

—Necesitaré una tomografía —musitó mientras se alejaba apresuradamente.

Me introdujeron en la máquina infernal, que durante cinco minutos emitió ruidos ensordecedores. Además, me inyectaron un líquido para mejorar la imagen. Mi mente, en un frenesí de ansiedad, pensó que era veneno y que quizás solo me quedaban horas de vida.

—¿Cómo se siente? —preguntó el médico, sabiendo que mi tiempo podría estar agotándose—. ¿A qué se dedica?

—Soy técnico especialista en desactivación de artefactos explosivos.

—Prepárese para volver al trabajo. Tiene una minibomba alojada bajo la piel, en el muslo derecho.

En ese instante, me abracé con el médico. Mis compañeros habían jugado la típica broma de la bomba en el muslo. ¡No tenía malaria!

Mientras reía y cantaba jubiloso «Let it be» de los Beatles, comencé a rajarme la pierna...

EL CATADOR
FORÁNEO

El 12 de octubre de 1492, tras los antiguos viajes de los cartagineses, vikingos, polinesios, y otros exploradores, el joven Colón se autoproclama descubridor de América.

Nada más poner pie en tierra, se encuentra con los humildes nativos.

—¡Bienvenido! —saludó el nativo en su lengua.

—Arrodíllate y besa el crucifijo —respondió Colón, de malas formas.

El nativo aceptó el gesto y besó el crucifijo cristiano. A cambio, ofreció a Colón que besara a uno de sus dioses. Una figura, aparentemente esculpida con un material natural muy especial, trabajada por las manos de un hábil artesano. Colón besó la figura, y todos los nativos presentes estallaron en carcajadas, pero él no comprendió.

—Este es nuestro dios de la fertilidad, hecho con mi excreción de esta mañana, sazonada con hierbas —explicó el nativo de nuevo, en su lengua.

Desde aquel día, en secreto, todos los nativos de la zona se refieren a Colón como «El Catador Foráneo».

LA ÚLTIMA PINCELADA

Goya concluyó su última pincelada y se alejó para contemplar la obra. Algo no encajaba, y una extraña imperfección capturaba su atención. «¿Será la iluminación de la habitación?», se cuestionó mientras se acercaba a la lámpara, pero la misteriosa imperfección persistía. «¿Será el color de la camisa?», pensó, analizando cada detalle.

En ese preciso instante, Eraso, íntimo amigo y también pintor consagrado, entró en la habitación.

—Pero ¿qué haces? Si está perfecto —declaró Eraso con confianza.

—No, mi buen amigo, hay una deficiencia, y voy a descubrirla —respondió Goya con determinación.

Se acercaron juntos a la obra, y finalmente, Goya comprendió que, sin importar cuánto cambiara el color de la camisa de su hijo en el retrato, la cara seguiría siendo la del padre.

LUCHA ÉPICA EN EL PARQUE

Aquella mañana se palpaba la tensión en el parque. Un enjambre de sustantivos malhumorados se agolpaba, dispuesto a desencadenar una batalla lingüística, como si el destino mismo reposara sobre sus letras. «Verde», coloreaba intensamente el «viento», mientras «ramas» se enroscaban en una danza feroz con «barco» y «mar». El «caballo» trotaba en la «montaña», y la «sombra» se entrelazaba alrededor de la «cintura», desafiando a la «baranda». «Carne» y «pelo» enredaban sus significados, y los «ojos» destellaban como «plata» bajo la mirada de la «luna» gitana. «Cosas» se mantenía en la periferia, observando la contienda con ojos curiosos.

Después de media hora de frenética contienda, emergió la primera estrofa de un poema que evocaba la esencia de Federico García Lorca:

Verde que te quiero verde.
Verde viento. Verdes ramas.
El barco sobre la mar
y el caballo en la montaña.
Con la sombra en la cintura,
ella sueña en su baranda,
verde carne, pelo verde,
con los ojos de fría plata.
Verde que te quiero verde.
Bajo la luna gitana,
las cosas la están mirando
y ella no puede mirarlas.

Satisfechos con el resultado, los sustantivos disolvieron la estrofa, dejando entrever la promesa de reunirse al día siguiente para una nueva creación. La armonía entre las palabras se convirtió en un mágico vals poético, resonando en cada rincón del parque, elevando la atmósfera a un estado sublime de creatividad. La magia literaria impregnaba el ambiente, y los sustantivos, ahora en paz, anhelaban la siguiente danza.

ISAAC Y LA MANZANA

Isaac se encontraba inmerso en la contemplación de su querido jardín cuando, de repente, una manzana flotante impactó contra su cabeza. Entonces, tres variables y una constante universal comenzaron a manifestarse ante el genio.

Primero, emergió la constante gravitatoria universal, que aseguró «G» era su seudónimo. A continuación, se presentaron las variables de masa: «m_1», que representaba a Isaac, y «m_2» a la manzana que lo había asaltado. Estas tres letras, que parecían tener un historial de trifulcas previas, empezaron a enfrentarse en multiplicaciones dispuestas sobre una raya larga. Finalmente, de manera mucho más discreta bajo dicha raya, se ubicó la distancia, «r», medida entre Isaac y la manzana. Dado que las variables superiores se multiplicaban entre sí, a golpes, «r» decidió elevarse al cuadrado, aumentando hasta alcanzar un tamaño respetable.

En ese momento, Isaac inició un descenso lento hacia el suelo. A medida que su entorno se verticalizaba, la sangre fluía con mayor determinación hacia el resto de sus órganos. Justo al posarse, el científico derramó lágrimas al contemplar frente a él la majestuosidad de la ley de la gravedad:

$$F = \frac{G \times m_1 \times m_2}{r^2}$$

Gracias a este revelador descubrimiento, a partir de ese día, todos los seres vivos empezaron a caminar sobre la faz de la tierra. (P. D. Los dinosaurios nunca caminaron).

FANS DE JACK NICHOLSON

Ordené dos cafés con leche y, mientras me cobraban, la contemplé desde la barra. Era tan atractiva como Héspere, la ninfa griega que cuidaba el jardín de Occidente. Su pelo rizado recordaba el romper de las olas del mar; sus dos luceros cobalto iluminaban el local con encanto; sus curvas competían en el trazado de un circuito de fórmula uno. Además, compartíamos la pasión cinéfila, especialmente por Jack Nicholson. Mi película predilecta era *Alguien voló sobre el nido del cuco*.

Llevé las bebidas y me senté a su lado. Tuve que pellizcarme. No, aquello no era una visión.

Retomamos la conversación sobre Nicholson, y lo primero que dijo fue que mi película favorita era la única que no soportaba. En el preciso instante en que dije «Sobre gustos, colores», sus dos luceros cobalto tornaron mefistofélicos. Su angelical cara se transfiguró en un ser de ultratumba. Empecé a ver niebla invadiendo el local, y la temperatura cayó en picado. De sus orejas salió humo, y por un segundo dudé entre usar el extintor de la pared o un crucifijo.

Entonces, me cogió de la mano y empezó a estrujarla con tal fiereza que se me escaparon tres lágrimas. Acto seguido, aspiró una bocanada de aire. Lo expulsó lentamente sobre mí. Y declaró, con una serenidad inquietante, «Bueno, nadie es perfecto».

Un año después, nos casamos en el hotel Timberline Lodge de Oregón, donde se rodó *El resplandor*. Entonces, recordé con melancolía la similitud entre Nicholson en la película y mi mujer en nuestra primera cita.

TESEO Y EL MINOTAURO

Estaba Teseo frente a la puerta del laberinto del Minotauro. Ariadna, la princesa de Creta, hija del rey Minos, lo aguardaba con una espada y una cuerda. Ella había cumplido su parte del trato. La traición a su padre podría costarle la vida.

—Usa la cuerda para poder regresar del laberinto, y la espada, ya sabes lo que debes hacer con ella —dijo Ariadna.

Teseo utilizó la cuerda y llegó hasta la morada del Minotauro. Un terrible monstruo, con cuerpo de hombre y cabeza de toro, se postró delante de él.

—¿Vienes a matarme? —preguntó el Minotauro.

Teseo empuñó la espada en alto y asintió.

—Realmente soy antitaurino, al 100 %, y me horroriza pensar que tengo que matarte así, a pelo, con una espada afilada para el combate —respondió Teseo arrepentido.

El Minotauro suspiró aliviado. Acto seguido, comenzó a escarbar tierra hacia atrás, como un poseso. Tras lo cual, echó a correr con toda su potencia y embistió a Teseo.

—¿Por qué? —dijo Teseo.

—¿Instinto? ¿Enajenación mental? La verdad es que no lo sé.

—¿Y si nos fugamos juntos? Ni a ti ni a mí nos hace feliz esta vida de violencia —propuso Teseo.

Y así, Teseo y el Minotauro se fugaron juntos del laberinto. Tras lograr escapar, emprendieron un nuevo rumbo. Se dirigieron a España, donde lejos de los problemas y las batallas, montaron una cervecería vegana.

EL FUNERAL

El difunto descansaba en su ataúd. Entre lágrimas y risas, los presentes compartían anécdotas de Miguel. Mientras se disponían a abandonar la sala para permitir a otros familiares su momento íntimo, un extraño sonido atrajo su atención.

—No puede ser Miguel —murmuró nerviosa la esposa.

Se aproximaron al ataúd como si exploraran un castillo embrujado, y se quedaron en silencio, observando a Miguel. A los treinta segundos, abrió un ojo, luego el otro, y comenzó a toser. Se alzó del ataúd, caminó por la habitación a un ritmo sorprendentemente ágil, y luego se lanzó a correr, sonriendo a sus familiares, especialmente a su mujer, que volvía a quedarse sin herencia.

Después de las carreras, solicitó lienzos y pinturas, sumergiéndose en la creación artística durante horas. Pintó un autorretrato, otro de su amante y un tercero de su gato. Tras la sesión artística, se sumergió en la redacción de una novela histórica completa, con personajes sólidos, un villano convincente y una trama impecable, solo en cinco horas produjo trescientas cincuenta páginas.

Finalmente, solicitó un sorbo del mejor vino disponible, pero al tocar sus labios, su cuerpo entero se transformó súbitamente en cenizas.

—Creo... que lo que acabamos de presenciar corresponde al típico caso en que el moribundo (o en este caso el muerto), experimenta una gran mejoría en los momentos finales —declaró el médico.

MIS NUEVOS AMIGOS

Inicié mi jornada, salí del portal, giré a la derecha y caminé un kilómetro. Después, realicé un giro de trescientos sesenta grados. Otro kilómetro recorrido, seguido de una curva a la izquierda, de vuelta al portal.

¡Esa había sido mi vida! Despertar, trabajar, gimnasio, casa y, agotado, a la cama. A los sesenta y cinco años, finalmente me jubilé. «Ahora comienza lo bueno», declaró otro jubilado con semblante amargado.

Fue entonces cuando decidí organizar un crucero por el Mediterráneo. Desafortunadamente, el día antes, sufrí un infarto. En el día inaugural del crucero, me encontraba encerrado en una caja de madera, a un metro bajo tierra.

Afortunadamente, llegó la noche y conocí a mis nuevos compañeros. Ahora, soy feliz devorando humanos sin tener que preocuparme por ir al baño cada dos minutos.

EL JUBILADO DEL MICRORRELATO ANTERIOR

Saludos, soy el jubilado del microrrelato anterior, ahora transformado en zombi. Después de un año desde los acontecimientos, debo admitir que ser un muerto viviente resulta más emocionante y respetuoso con el medio ambiente que ser humano.

No consumimos energía, reciclamos a los humanos, no generamos desechos, no contaminamos y no llevamos a la extinción a especies enteras en pocas décadas, excepto, claro está, a los propios seres humanos.

En resumen, somos más beneficiosos para este planeta y no tenemos intenciones de permanecer enterrados con esqueletos y pieles medio descompuestas colgando. Por esa razón, mi grupo y yo hemos decidido presentarnos a las próximas elecciones generales como el PEZC, Partido Ecologista de Zombis Carnívoros.

Nos proponemos ser una mezcla de los partidos izquierdistas combinados con los animalistas. El maltrato animal será exclusivamente legal hacia los humanos, convocaremos referendos para la independencia en todas las provincias españolas, y donde salga el «sí», será el lugar donde los zombis estableceremos nuestro hogar.

En cuanto al pequeño inconveniente de la extinción de los seres humanos, organizaremos un referéndum para decidir si se debe evitar o no. En este referéndum votarán todos los seres vivos que habitan la Tierra. Aunque dudo mucho de que alguien, excepto los humanos, vote por el «sí».

EL BOSÓN DE HIGGS

En el año 2012, finalmente me descubrieron. Aunque siempre estuve aquí, a los *Homo sapiens* les llevó unos cuantos milenios percatarse de mi presencia. No considero esto una competición, comprendo la lentitud humana. Ya me habían descubierto mucho antes en galaxias no tan lejanas.

En la Tierra, me llaman el Bosón de Higgs, pero en otras galaxias, responden a mí como 121222121 y también Raúl. Preferiría Paco, suena más familiar, pero acepto cualquier nombre, siempre que provenga de los científicos.

Mi revelación ocurrió dentro de aquel colosal tubo en Suiza. Allí dentro, los científicos jugaban lanzando «canicas» de partículas conocidas. Tras las fuertes colisiones me hallaron entre los escombros. Así que en cierta forma, soy basura subatómica.

En el ámbito científico, soy una especie de *influencer*, considerado esencial para comprender cómo las partículas elementales, al igual que un servidor, adquieren masa. No obstante, también les causo dolores de cabeza, ya que no me ajusto a sus modelos estándar. Junto a la materia oscura y otros fenómenos, estamos aquí para complicarles la existencia y aumentar la venta de analgésicos.

Me despido con una advertencia: en otros planetas más perspicaces, ya han resuelto todo este tinglado y se dirigen hacia la Tierra para reclamarla como propia.

ENTRE CERVANTES Y KAFKA

En un rincón de la biblioteca, Panfleto, un folleto de tres páginas, se desplegaba con elegancia. Su atractivo diseño explicaba la complejidad del reciclaje: pilas grises, orgánicos marrones, vidrios verdes, papeles azules y envases amarillos. Sin embargo, su contenido sobre desperdicios contrastaba con los majestuosos vecinos de los estantes.

A la izquierda, *El Quijote de la Mancha* imponía su presencia literaria, mientras que, a la derecha, *La metamorfosis* de Kafka lo desafiaba con su aura enigmática.

«Ojalá fuera más que un simple informador de basura», suspiraba entre sus páginas, anhelando ser apreciado como ellos.

Cervantes y Kafka eran manoseados con respeto, regresando a sus estantes con cuidado. En cambio, Panfleto permanecía inmaculado y olvidado. «¿Para qué, si solo hablo de basura?», se cuestionaba con resignación.

Un día, el escritor «yo» decidió cumplir su deseo. Panfleto, con un ansia insospechada, se convirtió en mí. Ahora, el servidor que escribe es, en realidad, un folleto de papel extraído de un microrrelato, encarnado en forma humana. Y Panfleto, rebautizado como Álvaro, se convirtió en el auténtico protagonista, atrapado en este microrrelato, explorando las complejidades de la existencia y la literatura.

FREUD EN EL DENTISTA

Freud acudió al dentista aquejado de un persistente dolor de muelas. Un molar estaba trastornando su paz interior.

—No se preocupe, siéntese y dé un sorbo a este vaso de vino —dijo el dentista—. Pronto nos desharemos de ese molar.

Freud no solo obedeció, sino que se bebió el vaso entero, permitiéndose relajarse.

—¿Cómo van los avances en la extracción de estos elementos que trituran nuestras experiencias de sabor? —preguntó Freud.

—Por favor, beba este otro.

Freud obedeció, sumiéndose aún más en la relajación.

—¿Utiliza anestesia, verdad? Conozco la introducción de la anestesia general en 1846, sumiendo al cuerpo en un estado reversible de depresión del sistema nervioso central, lo que implica la pérdida de conciencia. Pero ¿qué hay del subconsciente y los sueños?

El dentista le ofreció un tercer vaso, y Freud se quedó dormido.

—Ya era hora... Respondiendo a tus preguntas: la extracción la realizamos atando el molar con un hilo a una puerta, la cual cerramos de golpe; y la anestesia... es evidente en su efectividad.

EL VIAJE DE ULISES (CON COMENTARIOS)

Después de escapar de Troya, Ulises y su tripulación llegan a la tierra de los lotófagos, donde los habitantes les ofrecen la flor de loto. Tras comerla, pierden la memoria. (¿Quién en su sano juicio se comería una flor procedente de individuos tan sospechosos?).

En la Isla de los Cíclopes, se topan con Polifemo, el cíclope más malvado (cómo no, siempre toca el peor). Este los encierra con la intención de convertirlos en su aperitivo. Sin embargo, Ulises, más astuto que sus compañeros (no hace falta mucho para eso) y que el propio Polifemo, logra embriagar al monstruo con vino, arrancarle su único ojo y escapar con su tripulación.

En la Isla de Eolo, el dios de los vientos, reciben ayuda encerrando los vientos desfavorables en una bolsa. (Pero, como ya mencioné, estos navegantes no son los más listos, y terminan liberando los vientos y enfrentándose a ellos en su travesía).

En la Isla de Ea, una maga los transforma en cerdos (bajo mi punto de vista, bien merecido), pero Ulises logra engañarla y, con la ayuda de Mercurio, recuperan su forma humana.

En la Isla de Trinacria, la tripulación ataca a los animales sagrados (¿a quién se le ocurre hacer eso?), lo cual resulta en la ira de Zeus, quien los aniquila con sus rayos (me parece justo y merecido).

En la Isla de Ogigia, Ulises queda solo y es retenido por la ninfa Calipso durante siete años. (Aunque, entre tú y yo, sabemos muy bien cómo logró retenerlo...).

Ulises parte de la isla en una balsa, pero Poseidón la destroza. A pesar de los contratiempos, llega finalmente a su Ítaca.

Sin embargo, la situación no es tan idílica como podría pensarse. Penélope, después de diez años de espera, tiene numerosos pretendientes. Para decidir quién será su esposo, organiza un concurso de tiro con arco. (Si yo fuera Ulises, me cuestionaría seriamente si esa mujer merecía tanto esfuerzo).

Ulises participa en el concurso disfrazado de mendigo, gana y revela quién es. Después de tanto tiempo, Ulises, Penélope y su hijo se reencuentran al fin.

GRANI

Se llamaba Grani, un diminuto grano de cuarzo cetrino en medio de un inmenso dunar canario. Intrépido y sin miedo al viento, ni a las superficies ásperas que pudieran pulirlo, se consideraba especial entre los 500 decillones de granos casi idénticos que conformaban su hogar.

A diferencia de los demás, Grani anhelaba la aventura y soñaba con explorar el mundo y contemplar las Pirámides, la Torre Eiffel y el Coliseo romano. Mientras los otros granos se conformaban con deslizarse duna arriba y duna abajo, y volar ocasionalmente con la brisa marina, Grani trazaba sus propios caminos.

Decidido, aquel día emprendió su viaje a Egipto. Llenó sus maletas de algas, dio un pequeño salto, y la brisa lo elevó en segundos, iniciando un vuelo hacia las Pirámides, a unos 2.500 kilómetros de distancia. Dos semanas después, divisó El Cairo y, a un lado, las Pirámides. Su sueño estaba a punto de hacerse realidad.

Se acercaba cada vez más cuando, a falta de tres kilómetros, el viento cambió de dirección y lo depositó en una carretera recién asfaltada. Así concluyó el periplo de Grani y aparentemente toda oportunidad de seguir viajando. O eso es lo que cualquiera pensaría.

Grani, siendo un grano de cuarzo, reventó la rueda de un autobús, se subió y llegó finalmente a las Pirámides. Y luego, a la Torre Eiffel, al Coliseo romano y más allá, desafiando las expectativas y cumpliendo su deseo de explorar el mundo

UN DÍA DE INSPIRACIÓN

Aquel día disfruté de nueve plácidas horas de sueño reparador. Al despertar, mi desayuno consistió en copos de avena adornados con jugosos arándanos y una pizca de sirope de mango, mi preferido.

Después, me sumergí en mi extenso jardín de doscientas hectáreas, donde los ruiseñores entonaban su armonioso canto. Mi piel absorbía la vitamina D, como un querubín absorbe la leche de su progenitora.

Al regresar, me entregué a una hora de yoga, seguida de otra de *mindfulness*. Una refrescante ducha alternando entre agua caliente y fría revitalizó mis sentidos. Me vestí con atuendos holgados, priorizando la comodidad y la circulación adecuada.

En mi estudio, con el elegante escritorio de cuero de doble almohadilla y un ergonómico ratón inalámbrico, me dispuse a crear. Asegurándome de la protección ocular, abrí el procesador de texto y me sumergí en la composición de un soneto.

Pasaron diez minutos, una hora, dos días, dos semanas... y tras tres meses, la policía me encontró en avanzado estado de descomposición. En la pantalla del ordenador, el resultado final decía: «SONETOOOO».

EL ORIGEN DE LAS ESPECIES

C orría el año 1859 cuando concluí mi obra cumbre: *El origen de las especies mediante la selección natural o la conservación de las razas favorecidas en lucha por la vida.*

Pensé que quizá era un pelín largo para ser un *bestseller*. Decidí reducirlo a cinco palabras:

El origen de las especies.

Mi editor quería aún más simplicidad en el contenido, así que, con la ayuda de una inteligencia artificial, resumí las ideas clave, reduciendo de 750 a 500 páginas y corrigiendo errores. Mis colegas científicos ni se enteraron. ¡Bendito programa!

Para aumentar las ventas, la portada debía ser espectacular. Recurrí nuevamente al ingenioso programa, que creó unas jirafas espléndidas. ¿Qué más se podía pedir?

LA GENERACIÓN DEL 27

Una noche estival, desempolvé la pluma que mi padre me había regalado treinta años atrás. Aunque tentado de regresar al ordenador y mi amado teclado, como quien se siente atraído por un helado en verano, resistí la tentación. Decidí cumplir con la tradición de todo buen escritor y plasmar un microrrelato con ella.

Comencé a tejer un minicuento ambientado en un mundo de dragones y elfos, y al concluir, mis ojos no podían creer lo que veían. Aturdido, fui al baño, me di una ducha fría, y al regresar, la sorpresa persistía. «¿Cómo es posible?», murmuré. Sobre el papel yacía un poema de Cernuda. Ante tal misterio, di por concluido mi intento de continuar usando la pluma y me retiré a descansar.

Al día siguiente, en el banco, tenía que firmar un documento, y ¿adivina qué? Mi firma se convirtió en un poema de Lorca, y ni siquiera tenía la pluma de mi padre. Ni yo sabía cómo lo aceptaron, pero aseguraron que tenía futuro como poeta. A la tarde, al firmar la solicitud de la excursión de mi hijo, plasmé un soneto de Alberti. Tuve que confirmarlo con el profesor, quien pensó que había sido una broma de mi hijo.

La gente veía los poemas, así que no me estaba volviendo loco. Decidí consultar a mi médico de cabecera. Después de varias pruebas, regresó con un libro en la mano.

—He dado con su dolencia —confesó el médico cabizbajo—. Sufre de la Generación del 27. La cura, lamento decirle, no será de su agrado —continuó entre lágrimas, mientras me entregaba una antología de poemas del siglo XXI.

El doctor y yo nos fundimos en un abrazo que duró más de lo deseado. Al irme a casa, medité sobre la situación. Con esta supuesta enfermedad, podría escribir antologías de los grandes del 27 y, de paso, ganarme un dinero. Habría tiempo para curarse. Saqué la pluma y empecé a esculpir poemas, uno tras otro, tras otro...

QUÉ SER DE MAYOR

El padre, mientras arropaba a su hijo en la cama, le hizo una promesa que resonaría en su pequeño corazón:

—Algún día, serás un microrrelato tan largo y divertido como yo.

—¿Como un cuento? —preguntó el niño.

El padre asintió con una sonrisa cómplice y le aseguró que él podría ser cualquier cosa en este vasto mundo de palabras.

—¿Podría ser un poema? —inquirió el niño.

Nuevamente, el padre asintió, pero le advirtió que para ello debía ser más poético, incluso rimar.

—Eso suena complicado.

—Los límites los pones tú, hijo —respondió el padre con sabiduría—. Hoy en día, incluso los poemas sin rima y de verso libre son bien recibidos. Así que debería ser más fácil. La poesía, en general, tiene pocos lectores en estos tiempos. Pero si es lo que te gusta, cuenta con mi apoyo.

—¿Y si me convierto en una novela? —preguntó el niño.

—Tus genes son de microrrelato, hijo mío —respondió el padre con pesar—. Podrías repetirte demasiado o tener agujeros en la trama. ¿Qué hay de malo en ser un microrrelato como yo?

—Tienes razón, papá. No sé por qué estoy pensando en ser algo que no soy. ¡Seré el mejor microrrelato del mundo!

Así, el niño se acurrucó satisfecho, y se sumió en un sueño lleno de microrrelatos de 300 palabras.

WILSON
PARTE I

Wilson leía en voz baja el artículo: «Para una vida plena, debes renunciar al éxito y al conocimiento. Rendirte completamente al gobierno». Permaneció pensativo, dubitativo, hasta que Eva tocó a la puerta, recordándole por qué estaban a punto de arriesgarse desafiando al gobierno. Por qué estaban a punto de desertar, arriesgando sus vidas.

—¿Listo? —preguntó Eva, abrazándolo.

Wilson asintió, besó tiernamente la mejilla de Eva, se enfundó en la gabardina, y salieron. Descendieron las diez plantas del Ministerio de Certeza y encontraron un taxi esperándolos.

Evitando intercambiar palabras o gestos para evitar sospechas, Wilson y Eva se sumergieron en un denso arbolado con linternas en mano. La senda apenas visible los guio hacia la aldea de los proscritos.

WILSON
PARTE II

Wilson despertó con Eva apretada contra su piel, compartiendo cama por primera vez. «Hemos escapado», resonaba en su mente. Mientras Eva dormía, él acariciaba su suave cabello. Pero la tranquilidad fue breve; los convocaron desde fuera de su habitación.

Carlos, el líder, transpiraba profusamente, consultando su reloj más que un atleta.

—Como saben, volaremos el Ministerio de Certeza con la bomba de la Gran Guerra —anunció Carlos—. Ustedes dos son piezas fundamentales. Activarán la alarma en cada una de las diez plantas. El caos se desatará, y luego, mis chicos llevarán la bomba en el camión hasta los subterráneos. Allí, la detonaré manualmente.

—¿Y eso es un plan? —respondió Wilson, decepcionado—. ¿Una bomba oxidada que puede o no explotar y, si lo hace, nos matará?

—Exacto, veo que lo has entendido —declaró Carlos.

—¡Eva!, vámonos, ¡dejemos este maldito lugar! —gritó Wilson, enfadado.

—Lo siento, me quedo con ellos —respondió Eva, lanzando un jarro de agua fría que Wilson no esperaba—. Esta bomba es por lo que hemos luchado toda una vida. Sí, el plan es descabellado, pero no puedo regresar al ministerio. La muerte es, sin dudarlo, el mejor incentivo de la misión. Solo espero que explote, nos convirtamos en mártires y otros sigan nuestro ejemplo con los otros ministerios.

Wilson se alejó, con pasos agitados.

WILSON
PARTE III

El plan avanzaba implacable. El camión con la bomba se dirigía al Ministerio de Certeza. El grupo, estratégicamente posicionado, aguardaba. Eva activó las alarmas, planta por planta. La décima, novena... Hasta que, en la tercera planta, Wilson surgió, y se fundieron en un abrazo que disipó la tensión.

Desde allí, continuaron hacia los subterráneos, donde la bomba ya estaba instalada. Solo quedaban los preparativos finales, y el edificio sería reducido a escombros. Carlos esperaba junto a la bomba, mostrando una sonrisa relajada.

—Ha sido un placer conoceros —dijo Carlos, estrechando las manos de Wilson y Eva—. Pero alguien debe dar continuidad a lo que hemos iniciado. —Dos lágrimas saladas recorrieron las mejillas de Carlos. Se las secó y las observó como si fueran una sustancia desconocida. Debía ser la primera vez que lloraba, y lo hacía de alegría—. Tomad el camión y regresad a la aldea de los proscritos. Ustedes liderarán la revolución antisistema.

Wilson y Eva se miraron, llegando a un acuerdo tácito, tomaron las llaves del camión y abandonaron los subterráneos. Carlos se preparaba para detonar la bomba con un martillo hidráulico. Tal vez no funcionara, pero era la gran oportunidad de sus vidas. Mientras se alejaban, Wilson vio en los retrovisores una llamarada que ascendía al cielo como una antorcha.

EXTROVERTIDO ÁTOMO

¡Hola! Soy un átomo de oxígeno extrovertido con un número atómico de ocho, genial, ¿verdad? A mí me encanta la idea.

En condiciones normales, cuando la presión y la temperatura son las adecuadas, me aburro bastante estando solo, así que siempre busco la compañía de otros como yo. Juntos formamos una simpática parejita de átomos de oxígeno extrovertidos.

Nos llaman incoloros, inodoros e insípidos, aunque yo prefiero decir que somos higiénicos. Además, aportamos vida, aunque también la quitamos mediante la oxidación (¡lo siento...!). De alguna manera, la existencia de todos depende de nosotros.

A veces, en las alturas, nos agrupamos de tres en tres (*ménage à trois?*). Nos volvemos tan fuertes que te protegemos de la radiación solar, impidiendo que penetre en la superficie de la tierra y te fría como a un huevo.

Si tan solo pudiéramos dejar pasar selectivamente unos rayitos de radiación solar y freír vivos a aquellos que pasan el día lanzando bombas, o a quienes cometen actos atroces como la violación o el maltrato. Es una lástima que no tengamos conciencia y voluntad propia como vosotros. ¡Ah, la complejidad de ser solo un simple átomo de oxígeno en este mundo!

EL DEBATE

Las bombillas, el microondas y el calentador entraron en un acalorado debate sobre quién era el más valioso del hogar. Las bombillas clamaban que ellas iluminaban las vidas de sus dueños; el microondas que los alimentaba; y el calentador que, sin él, no se ducharían en el gélido invierno (con todo lo que eso conllevaría...).

El internet, el recién llegado al hogar, interrumpió abruptamente la discusión. Sin él, sus dueños no tendrían empleo y se verían abocados a la inanición (dado que eran informáticos); sin él, perderían acceso al conocimiento, a las redes sociales y a la capacidad de efectuar cualquier gestión.

Justo cuando parecía que el internet tenía la ventaja en el debate, surgió una voz más. El papel higiénico se expresó, resaltando que, a pesar de su simplicidad al no requerir electricidad y su vulnerabilidad al mojarse, su ausencia convertiría la vida de sus dueños en una auténtica mierda.

Y así, de manera unánime, todos concluyeron que el papel higiénico era el legítimo vencedor de aquel histórico debate.

PITÁGORAS
AL RESCATE

Sentado en el retrete, presagié lo que sería una mañana con las tuberías en huelga. A pesar de haber cenado dos kiwis, y bebido tres vasos de agua, las sensaciones internas no eran halagüeñas.

Mi mirada, sin esperanzas, se posó en el lavapiés, distante tres baldosas y media. Medí la baldosa más cercana con la palma extendida, dando unos 30 centímetros. Saqué el móvil, abrí la calculadora, y calculé que la distancia al lavapiés era de unos 105 centímetros.

Luego, advertí que el pomo de la mampara de la ducha quedaba a cuatro baldosas, equivalentes a unos 120 centímetros. Conmigo como vértice en ángulo recto entre el lavapiés y el pomo, decidí aplicar la lógica de Pitágoras para obtener la hipotenusa: «$c^2 = a^2 + b^2$». Obtuve 159 centímetros.

Fue en ese momento de eureka, de conocer la hipotenusa entre el lavapiés y el pomo de la mampara, que todo comenzó a brotar. Entonces comprendí que, en ocasiones, la fibra de la fruta combinada con un poco de agua la noche anterior, no es suficiente para plantar un pino.

PRIMER TOMO

Era una helada mañana de 1605, Catalina tomó la mano de su esposo con ternura.

—Espero que valga la pena —declaró cabizbaja—. El papel no da de comer...

—Si quieres, te leo las primeras líneas y me das tu opinión —ofreció Miguel.

Miguel jugueteaba con su bigote, y como en ocasiones previas, la duda comenzó a apoderarse de él. «¿Y si abro la caja de Pandora y libero todos los males del mundo?», pensó.

Finalmente, reunió valor, posando sus dedos largos sobre la portada. Sintió brevemente la textura del papel. Inhaló profundamente y levantó la tapa; el manuscrito quedó expuesto en la página uno. Y comenzó a leer:

—En un lugar de la Mancha, de cuyo nombre no quiero acordarme...

Al concluir el primer capítulo, Catalina comentó:

—¡Bah!, otra novela de caballerías.